给家长的 100 条建议

家庭教育指导手册

JIATING JIAOYU ZHIDAO SHOUCE

▼

（高中段）

上海市教育委员会　指导

主编：杨　伊

副主编：童　薇　丁　炜

如何成为孩子的第一任优秀教师 100 ——给家长的 100 条建议

　　家庭是儿童成长的第一个课堂，家长是儿童成长的第一任老师。2022 年 1 月开始实施的《中华人民共和国家庭教育促进法》明确规定了"家庭教育"的内涵和责任：家庭教育是指父母或者其他监护人为促进未成年人全面健康成长，对其实施的道德品质、身体素质、生活技能、文化修养、行为习惯等方面的培育、引导和影响。家长在子女的成长中应该承担什么样的责任，如何理性确定孩子的发展预期，如何缓解培养子女过程中的焦虑情绪，如何与学校教育协同育人……都是值得家长深入思考的问题。儿童青少年时期是人生发展的重要阶段，这一时期的身心发展对日后的生命质量有重要影响。因此，家长应该引领儿童青少年正确认识自我、理解社会、学会学习、学会做人、学会生活，给孩子们提供指导，帮助他们顺利、从容、愉悦地度过人生的关键时期。

　　家庭与学校共同承担着育人的重任，但绝大多数家长并未在子女教育方面接受过系统、专业的培训，更多的是根据上一代人的教导、个人成长的经验或网络上流传的"育儿经"对子女进行指导和教育。这些经验可能在实践层面上有一定的价值，但生搬硬套地用来教育如今的孩子并不适用。认识儿童、理解孩子、教育子女是一门大学问，需要科学知识的指引。此外，中华民族有厚重的家庭和家族观念，在长期的历史发展中，形成了以优秀家风、家训等为代表的文化传统。《中华人民共和国家庭教育促进法》也要求"注重家庭建设，培育积极健康的家庭文化，树立和传承优良家风，弘扬中华民族家庭美德"。在新的时代背景下，如何进一步传承并发展适应时代需要的家庭文化，并以优秀的家庭文化熏陶孩子、助其成长，也是摆在家长朋友们面前的难题。

　　从"家长"到"第一任老师"的角色转变，从"第一任老师"到"第一任优秀老师"的内涵发展，并不是自然而然就发生的，还需要家长们持续不断地学习，用正确的教育理念和科学的教育学、心理学专业知识武装头脑，为家庭教育行为提供理论指导。为帮助家长成为孩子的第一任优秀老师，我们特组织上海师范大学教育学、心理学专家和优秀的一线教师，合作编写了"给家长的100条建议"家庭教育指导丛书，用典型案例呈现家庭教育中的问题情境，借助教育学、心理学、社会学理论分析案例的背景与成因，为家长指明解决问题的方向，并提供可能的教育策略。

本套《家庭教育指导手册》按照年段共分五册，分别是学前段、小学低年级段、小学高年级段、初中段和高中段。每册呈现该年龄段孩子发展的20个典型案例，共计100个案例，以及由此生成的100条建议。今后我们将持续推出新的版本，与时俱进，努力为新时代不断变化发展的家庭教育提供系统的指导。

目 录

前　言

　　高中生父母在和孩子交往的过程中常常会听到这样的声音："爸、妈，你们不懂。算了，我跟你们没什么好说的。""我已经长大了，我自己的事情自己做主，不用你们管。"曾经那个什么都向父母报告，什么都想听父母意见的孩子"不见了"，父母感到自己的力量越来越弱，说话分量越来越轻，家庭教育举步维艰。的确，高中阶段的孩子已经进入到青春中后期，身体各器官逐渐成熟，发育进入相对稳定期。细心的父母还会发现，孩子能够批判地、辩证地看待问题，对于有些问题的看法甚至比父母还要通透。我们不能再把他们当小孩子了！但他们又保留着青春期的激情，情绪不稳定，时而冲动、时而孤独。他们变得愈发重感情，把友谊看得比天大，甚至心里有了喜欢的异性，但他们不愿把"小秘密"告诉家长，也不愿让家长介入自己的"小世界"，在心灵"围墙"外试图踮起脚向里边张望的家长们，是不是感到一丝困惑、一丝焦虑和一丝无助呢？

　　不要担心，亲爱的家长朋友们，这些困惑也是千千万万高中生家长的困惑。为了让您不再是"围墙"外焦虑的张望者，我们精心编写了这本《手册》，希望它能成为您和孩子沟通的"顾问"，帮助您从墙外慢慢走近高中生的内心。《手册》依据高中生的心理发展特点，从生涯发展、亲子沟通、学业压力、亲密关系和独立生活五大领域，挑选了二十个贴近生活的鲜活案例，为家长呈现高中生家庭教育的典型问题，有理有据地告诉家长朋友"为什么"，手把手地指导家长朋友"怎么办"。或许它不能涵盖您与孩子之间所有的故事，但一定有故事让您感到似曾相识。

根据埃里克森的心理发展理论，高中生处于心理社会发展的第五个阶段——青少年期。通过一段时间的自我探索，高中生对于过去我和现在我、现实我和理想我有了初步的认识和思考，产生了自我发展和自我实现的需求，并成为他们人生理想的重要组成部分。与此同时，高中生也站在自己职业生涯的起点，开始思考自己的职业兴趣，着手规划自己的职业发展，为未来选择职业道路奠定基础。因此，高中阶段被认为是个体从童年迈入成年的重要过渡阶段。为了更好地让您了解处于这个阶段的孩子，我们总结了高中生心理发展的八个特点。

第一，独立意识的发展让高中孩子渴望拥有隐私，渴望获得独立，渴望像成人一样被对待。这种渴望不仅让"别管我"成为亲子间对话的高频词，也成为亲子冲突的导火索。无论父母的管教、建议、要求是否合理，统统被贴上"别管我"的标签而被拒之门外。这是因为高中生的独立意识和成人感让他们迫不及待想要脱离父母，以证明自己是一个"成年人"。在这样的背景下，父母和孩子的对话往往不在一个频道上，"你怎么又在玩 ipad？""我休息时间都不能决定自己做什么了吗？""我给你买了件羽绒服。""怎么我穿什么你都要管呀？"于是家长们头疼"好心被误会"，孩子们叫苦"爸妈无所不在的监控"。因此，让家长和孩子在同一个频道上进行沟通，是解开这个家庭"千千结"的重要源头。

第二，辩证思维的发展和不断扩大的生活范围使得高中生对父母的看法发生变化。孩子心中那个"无所不能"的父母消失了，曾经被视为偶像的父母，现在成为了被嫌弃的对象，孩子不再来询问意见了，也不听父母的话了。父母惶恐疑惑：我还管得住孩子吗？我的孩子怎么变了？亲爱的家长，当您翻阅《手册》就会知道，您的孩子是变了，但这个变化不是坏事，是他们的思维层次提高了，看世界的角度多样了。因此，在这样的变化下，我们也不能再以"绝对权威"自居，我们需要转换角色，改变互动方式，既要发表意见，也要虚心请教，亦师亦友亦家长。

第三，动荡起伏是高中生情绪的典型特点。这种起伏让高中生们的情绪"一点就着""一说就哭"，时而愤怒、时而低落，也让家长们十分着急、十分委屈。别急，《手册》会告诉您，随着高中生情绪体验的不断丰富，负性情绪发生的频率也自然会随之上升，这对情绪管理能力尚不成熟的高中生们来说可是不小的挑战呀！因此，家长们可别在"委屈"中错失了教育契机，协助他们发展情绪智力、培养驾驭情绪的能力才是解决动荡情绪的重要法宝。

第四，在高考背景下，高中生的自我效能感和学习动机与每一次的考试分数紧密联系。高考是每个高中生都要面对的重大考试，也是每一位高中生入学第一天就立下的奋斗目标。但很少有孩子停下来思考：高考的意义是什么？它与整个人生发展的关系是什么？于是，那些成绩不拔尖的孩子会因为前途渺茫而感到自卑，甚至自暴自弃；而那些成绩拔尖的孩子也会为考上大学后没有后续目标而困惑，从而产生学习"没意思"的消极想法，逐渐失去学习动力。基于此，《手册》想要告诉家长，高中的第一课应该是和孩子探讨高考的意义，转变"高考定终身"的思维，协助孩子制定更为长远的人生目标，只有这样才能够促进他们自主学习，帮助他们正确面对每一次考试的成功和失败，脚踏实地地走完高中旅程。

第五，从学习到学会学习是高中生学业发展的一大特点。高考这场奋斗提出的不仅是对学业的要求，还有对合理安排学习任务、高效管理学习时间、有效缓解学业压力等要求。忽视这些能力的培养，可能会让原本成绩不错的孩子因为不能合理安排时间而成绩下滑，也可能会让原本拔尖的孩子因为一次考试失利而沉迷游戏。所以，孩子成绩的变化不是"突如其来"的，孩子是否能够基于自己的学习风格选择更合适的学习方式、制定切实可行的学习计划以及调节学业压力带来的情绪困扰都在不知不觉中影响孩子的学业发展道路。因此，翻开《手册》看看高考背后除了学业之外的能力要求，才能和孩子一起找到那条敲开美好未来之门的正确道路。

第六，"理想我"和"现实我"的差距是高中生同一性探索的重要原因。这种差距让缺乏职业经验的高中生难以制定切实合理的职业生涯目标。于是，有时候家长们看到的是一个说起未来头头是道，什么职业都可以尝试，什么工作都可以做好的雄心壮志的高中生；有时候家长们看到的却是一个不知道如何选科、选考，搞不清专业含义，弄不清楚工作岗位所需职业技能的垂头丧气的高中生。此时，我们的家长要明白，这个"雄心壮志"是孩子的"理想我"，而这个"垂头丧气"是孩子的"现实我"。因此，职业规划的第一步是让孩子明白理想基于现实，也源于现实。只要正视现实、脚踏实地，现在还有差距的高中生们也能实现美好的职业理想，慢慢成为理想中的那个"有志青年"。

第七，性生理的成熟让高中生在外形上与成年人接近，性心理的发展也让他们萌发了对异性的关注。这样的萌芽使得情感丰富的高中生容易产生喜欢与爱慕之情，甚至发展出青春期恋爱。女孩们谈论某某男生的次数越来越多了，男孩们因为某某姑娘一句喜欢摇滚就嚷着要学吉他……尽管开明的家长们对发生在这一懵懂时期的"爱情"表示理解和尊重，但高中生在理智、道德和社会性发展上的不均衡使得他们难以成熟地应对异性关系。因此，青春期恋爱的"度"在哪里？如何在合适的时机向孩子传达异性相处的界限？怎么帮助孩子认识美好的"爱情"，树立正确的爱情观？我们的《手册》将帮助家长们找到这些问题的答案。

第八，高中生正处在向"社会人"转变的过渡阶段，这一阶段对他们的独立意识和独立生活能力都提出了更高的要求。特别是在"E 时代"成长起来的高中生，虚拟网络带来的不仅是海量信息，还有"拜金主义""物质主义"等不良的思想观念，此时批判思维和自我控制能力尚处在发展阶段的高中生可能因为无法识别这些不良信息、无力抵制这些不良诱惑，从而沾染上不良行为习惯，甚至误入歧途。《手册》想要告诉家长们，对于已经是"半个大人"的高中生来说，时时刻刻的监管不再可行，了解他们成长面对的困惑、培养他们独立思考和辨别是非的能力才是授之以渔的长久之计。

苏霍姆林斯基说："教育学应当成为所有人都懂得的一门科学，家庭要有高度的教育学素养。"初步了解高中生身心发展特点的家长们已经掌握了培养教育学素养的第一步，接下来，就让我们从生活中的小小案例入手，开启这段与孩子共同成长的"高中之旅"。

1

生涯发展篇

如何引导孩子正确认识自己

　　林霞有一个特别好的朋友阿慧，她们是邻居，从小一起长大，从幼儿园到高中一直都在同一所学校，关系十分密切。两个女孩小学和初中时期的成绩不相上下，身材相貌有几分神似，每天形影不离，连父母、同学都说她们好像孪生姐妹，中考碰巧又考入了同一所高中，她们相约还要一起做大学室友！但升入高中以后，事情发生了变化。阿慧好像突然开了窍，近几次月考成绩突飞猛进，现在已经名列前茅，家长会上连老师都说："再努力一把可以冲复旦！"对比之下，林霞却依旧成绩平平，怎么努力都没有起色。不仅如此,初三时还矮矮胖胖的阿慧,暑假后突然长高了很多,也变苗条了,女大十八变,阿慧已然是个亭亭玉立的大姑娘,而林霞却依旧矮矮胖胖。

对于阿慧的这些变化,林霞的妈妈非常在意,她很希望自己的女儿也能像隔壁阿慧一样名列前茅。看着别人家的孩子不断进步,自己的女儿还和小时候一样"不知上进",林妈妈非常担心。于是便想用阿慧做榜样激励林霞,每天都在孩子耳边反复念叨:"你看看人家阿慧,学习进步这么大,你也要好好努力啊!""你这次数学才考了90分,阿慧比你高了30多分,一门课就能把你甩出去几个梯队!""人家要考复旦了!你还这样我以后怎么好意思见她妈妈!"更让林霞感到自卑的是,妈妈不仅让自己在学习方面以阿慧为"榜样",在日常生活中还经常拿阿慧作比较:"你少吃点吧,看看阿慧瘦了之后多漂亮,你再看看你,没点小姑娘样子。"林霞学习了一下午,妈妈一推门就不耐烦地说:"别坐着啊,你也多运动运动,说不定还能长高一点,学习不如人家,身高上也赶不上阿慧。"面对母亲无止境的数落,忍无可忍的林霞突然哭着对妈妈吼道:"你那么喜欢阿慧就让她做你女儿吧!"目睹了乖女儿的"爆发",妈妈愣在了一旁。

林霞很委屈,她认为自己已经尽力了,但不知做错了什么,在妈妈这里永远得不到认可。文静内敛的林霞感觉自己一无是处,哪里都比不上阿慧,变得愈发自卑。妈妈看着越来越沉默寡言的女儿,试图与她平和地沟通,但林霞总面无表情地说:"我长相、成绩都不如阿慧,我没什么好说的……"焦急的妈妈找到了班主任,班主任告诉她,林霞最近上课的时候也心不在焉,在期末考试中,连她原本擅长的科目都考得很糟糕,而且性格也变得孤僻,甚至都在躲避朋友阿慧。

回到家后，林霞的妈妈茫然地坐在客厅里，林霞依旧低落地在自己的房间里做作业。林霞觉得再努力也不能改变什么，自己注定是个其貌不扬、成绩平平的女孩。客厅里的妈妈想起了小时候和阿慧一起在联欢会上自信地唱唱跳跳的女儿，十分怀念。

案例解析

亲爱的家长，您的家里是不是也有一个"乖"孩子呢？您是不是也会因为他的乖巧而经常不自觉地"中伤"他呢？其实，即使是沉默寡言的孩子，内心也有一个"后花园"需要悉心呵护。

高中生正处于青春期，是自我意识发展的重要阶段。而自我认识在自我意识系统中具有基础地位，属于自我意识中"知"的范畴，其内容广泛，涉及方方面面。如何引导孩子正确认识自己、正确评价自己是高中生家长们必要的一课。上述案例中，林霞妈妈犯了几个明显的错误：第一，将孩子的短处与别人的长处比较，挫伤了林霞的自信心；第二，贬低孩子的外貌，导致林霞无法正确看待自己的外貌与身材；第三，批评大于鼓励，没有客观地认识孩子，更没有关注孩子的感受。

为什么要引导孩子认识自己？

自我认识包括对自己身体、事业、情感、学习、意志等方面的认识，在孩子心理与个性发展中起主导作用。对自己有正确、客观认识的孩子，能够很好地处理生活中遇到的各种问题，心理更健康，学习生活更加幸福。相反，如果一个人不能正确地认识自己，就常常会错误地评估自己的能力，或表现出对自我的不满和排斥，或盲目自大，受到现实打击后变得萎靡不振、患得患失，时间久了，自然会出现许多心理问题。案例中的林霞就是在妈妈的否定下完全忽视了自身的优点，放大了自己的缺点，造成自卑心理。要知道，认识自我是认识他人、认识社会的基础，了解自己才能理解、关怀他人，从而获得友谊与关爱。

认识自己的途径有哪些？

认识自我主要有三种途径，分别是在自我观察中认识自己、在他人评价中认识自己以及在社会比较中认识自己。

自我观察是最直观、最基础的认识自己的方法，自我观察包括生理观察与心理感知。生理观察要求个体充分认识自己的身体特征和生理状况，了解每一个成长阶段身体会发生的变化。在生长发育阶段，高中生的身心都在经历剧变，家长应做好引导，帮助孩子正确认识自己，而不是像案例中林霞的妈妈那样，一味地对女儿的外貌表达不满，造成林霞对自己外表的不自信。心理感知是指个体认识到内心的心理活动及其特征，并进行自我意识训练，核心应放在自我评价能力的提高上。此外，自我观察还可通过与他人比较获得，特别是通过与同龄人的比较，来加深对自身特点的认识和了解。本案中，原本成绩外貌都相差无几的林霞和阿慧是好朋友，她们通过观察彼此来认识自己，但阿慧的变化使得林霞一时无所适从，对自己的认知产生了混乱。

他人的评价是认识自我的一面镜子，有助于形成对自己更为客观、完整、清晰的认知。父母是子女成长过程中很重要的"他人"，因此，父母的评价至关重要。父母正确地评价会给予孩子前进的力量，相反，父母不公平的评价会为孩子带来"打击"。对于家长而言，应注意评价孩子的方式方法。父母缺乏同理心，以高标准要求孩子，不在意孩子的感受，容易使他们缺乏自信心，不能正确地认识自己。案例中林霞的妈妈总是将林霞的短处与阿慧的长处比较，不断否定林霞，导致林霞变得自卑畏缩，自我效能感降低，学习成绩下滑。

在社会比较中了解自己主要是通过自己在班级、学校中的位置和作用，通过自己在公共生活中的举止表现以及社会适应能力。一方面，可以通过在活动、比赛中与同学、朋友等进行比较，形成对自己新的认识；另一方面，可以通过心理测验来进一步认识自己。

指导建议

辩证看待孩子的优缺点，坚持鼓励批评相结合

尺有所短，寸有所长。家长首先要放平心态，客观地看待自己的孩子，承认孩子的优点和缺点，坚持鼓励批评相结合原则。要特别注意避免两种倾向，一种是像本案中林霞的妈妈一样，眼睛只盯着缺点，用孩子的缺点和别人的优点对比，唯恐鼓励和表扬会让孩子骄傲自大，这往往会导致孩子出现自卑心理，恐惧尝试，丧失自我效能感；另一种则相反，给予孩子过多的表扬和鼓励，认为自己的孩子全是优点，一些小缺点不过是白璧微瑕，可以忽略，这会导致孩子对自己评价过高，眼高手低。对于正处于逆反期与敏感期的高中生而言，以上两种倾向都会使他们的自我认知发生重大偏差，产生不良的后果。

小贴士

自我效能感

自我效能感指个体对自己是否有能力完成某一行为所进行的推测与判断。这一概念是美国著名心理学家班杜拉于 20 世纪 70 年代在其著作《思想和行为的社会基础》中提出的。

在传统的认识中，如果一个人预测到某一特定行为将会导致特定的结果，那么这一行为就可能被激活和被选择。比如，当学生意识到上课认真听讲就会取得好成绩时，他就有可能认真听课。但是，班杜拉认为，除了上述的"结果期望"外，还有一种"效能期望"，即人对自己行为能力的推测。当一个人确信自己有能力进行某一活动时，他就会产生高度的"自我效能感"，并从事那一活动，也就是说，学生不仅要知道听课可以带来理想的成绩，而且还得察觉自己有能力听懂教师所讲的内容时，才会认真听课。可以说，自我效能感不仅决定了学生对学习活动的选择及坚持性，而且影响着他们面对困难的态度、学习中的行为表现以及学习的情绪。

构建民主型家庭环境，促进交流沟通

《家庭教育促进法》中要求，家长要"予以尊重、理解和鼓励"。在现实生活中，家长要想发现孩子的长处与短处，就要为孩子构建民主型的家庭环境，加强与孩子的沟通，在互动中跟随孩子一起成长。高中的孩子离成人越来越近，家长要以朋友的心态主动与孩子沟通交流，平等地看待孩子，让孩子对待父母不是"避如蛇蝎"的恐惧与抵触，而是乐于向父母敞开心扉，分享自己在学习、生活中的点点滴滴。家长可以选定每周的固定时间进行"家庭交流会"，所有家庭成员坐在一起，互相说说一周的生活，比如完成了哪些工作、参与了什么活动、工作学习上遇到了哪些问题、生活中发生了哪些趣事等。如此一来，家庭成员之间能够相互了解，心灵相通。在此过程中，家长要特别关注孩子的情绪，适当记录，分析孩子在具体事件中展示出来的长处与短处，从而能够正确评价孩子，引导孩子正确认识自己。

引导孩子客观看待他人评价，做好自我反思

家长应当告知孩子，他人的评价有时是不全面、不客观的。他人的评价结果是根据他人的标准而确定的，就算是自己父母的评价也要辩证、客观地看待，否则一遇到喜欢讨好卖乖之人就容易自我膨胀，一遇到尖酸刻薄之人就容易垂头丧气，用理性的心态面对他人的评价是走向成熟的表现。同时，家长要引导孩子做好自我反思。例如，可以让孩子有意识地通过正念、冥想、日记等方式记录自己的内心活动，描绘自己的情绪、情感体验，评价自己的个性特征和行为表现等。

鼓励孩子将"小我"融入"大我"

高中时期是孩子人生观、价值观、世界观形成的关键期，这一时期对自我的认识不能局限于家庭与校园之内，要鼓励孩子将"小我"融入"大我"之中，丰富精神世界，扩大人生格局。要让孩子明白学习不仅是为了个人将来的美好生活，更是为了集体、为了家乡、为了祖国的发展。家长可以带领孩子前往中共一大会址、龙华烈士陵园、上海淞沪会战纪念馆等红色景区陶冶情操，让孩子能够真切地感受到何为"大我"，塑造孩子的家国情怀、优良品质。

如何对待孩子学习之外的兴趣爱好

案例描述

　　小星是一个思维活跃、天马行空的小姑娘，从小就有一个与众不同的爱好——研究昆虫。她认为千奇百怪、五颜六色的昆虫是大自然中最神奇、最有趣的精灵。但小星的妈妈却觉得虫子都脏兮兮的，对女儿的这个小爱好并不支持，好在小星很有分寸，没有因为爱好而影响日常的生活与学习，于是小星妈妈一直以来对此都是睁一只眼闭一只眼。

　　不过自从小星升入高中以后，事情就发生了一些变化。小星的高中是重点高中，学校在注重学习的同时也鼓励学生发展自己的兴趣爱好，所以有着多种多样的学生社团组织。小星如愿加入了"昆虫爱好者协会"，并成为其中一名干事。突然间有了一群志同道合的伙伴，小星兴奋极了。作为一个总有奇思妙想的小姑娘，小星经常与协会会长利用有限的课余时间组织社团活动，比如野外采集昆虫、昆虫标本制作、昆虫介绍讲座等等，一时间忙得不亦乐乎。

转眼就高二了，小星依旧沉浸在自己的"事业"中，还接过了"社长"的重任。一个周五的下午，大家在教室里安安静静自习，小星偷偷跑出教室，去高一年级进行宣讲和社团招新，被班主任抓了个正着！班主任语重心长地告诫小星："要把重心放在学习上！"小星却觉得自己又没有逃课去玩耍，是忙于学校的社团活动，老师的告诫不需要放在心上。

果不其然，在最近的月考中小星成绩退步明显。班主任在家长会上将小星最近的表现告诉了小星的妈妈。小星妈妈非常生气，回家之后就火冒三丈地把小星大骂一顿，说她玩物丧志，不由分说勒令小星退出"昆虫爱好者协会"。小星感觉很委屈，认为自己月考成绩不理想主要是粗心导致的，并不是没有掌握知识，而且自己为了办好昆虫讲座查了大量资料，开阔了视野，生物成绩还有了明显提高。更让小星为难的是，那是自己倾注了"心血"的社团，说退出就退出，怎么和其他成员解释呢？正在气头上的小星妈妈根本不听女儿的解释，大吼："你要是再玩那些恶心的虫子，我就去和学校团委老师理论！"小星非常伤心，虽然不情愿但还是退出了社团。从那以后，小星消沉了很多，而在之后的小测验中，不再担任"社长"的小星成绩更差了。看到这样的局面，小星妈妈不知所措！

案例解析

亲爱的家长,您的孩子是不是也有各种各样的兴趣爱好呢? 高中的他是不是也常常在繁重的学业中挤出时间来经营自己的爱好呢? 是不是每当孩子的成绩有小小的波动时,您都会觉得是这些与学习无关的事情在"作怪"呢?

对于高中生来说,学习固然重要,但没有一点兴趣爱好,只会读书的孩子是不可取的。很多中学都有特色的兴趣活动供学生选择,很多学习成绩优异的学生也是辩论场、演讲台上的"铁齿铜牙",篮球场、运动会上的运动健将! 这需要家长及时对孩子的兴趣做出正确引导。案例中,小星参与昆虫协会没有错,班主任和妈妈让她认真学习也没有错,问题在于妈妈没有用正确的态度对待女儿的兴趣爱好。最开始妈妈对女儿的兴趣漠不关心,在小星升入高中之后也并未注意到小星的变化,在得知女儿成绩下滑后不由分说,给女儿扣上了"玩物丧志"的帽子,一味打压孩子的兴趣爱好,最终导致小星意志消沉,成绩下降。

什么是兴趣爱好?

兴趣是人们力求认识、掌握某种事物,或从事某项活动积极的心理倾向,即兴趣是人们积极探究某种事物的认识倾向。诺贝尔物理学奖获得者丁肇中曾说:"兴趣比天分更重要。"

相关研究表明,学习动机对学习起着积极的推动作用,而兴趣是学习动机中最现实、最活跃和最实际的因素。培养学生浓厚的学习兴趣是教学中激发学生学习的一种策略。实践也证明,在影响职业生涯发展与规划的众多因素中,兴趣起的作用最大。上述案例中,小星的兴趣爱好是研究昆虫,所以对相关事物与活动有着强烈的求知欲和参与欲。对于正处于青春发育期的孩子而言,凡事宜疏不宜堵,小星妈妈因为女儿成绩下降就要求小星完全放弃爱好是不明智的，只会造成负面影响。

兴趣对生涯发展有哪些作用？

第一，兴趣可以激发学习动机，是选择学业和职业的重要依据。兴趣可以使一个人集中精力学习知识和技能，启迪智慧并创造性地开展工作。案例中的小星对昆虫感兴趣，因此，加入社团后为举办昆虫知识讲座自觉自愿地搜集大量资料，并自己学着制作海报，既丰富了知识，也锻炼了能力。

第二，兴趣是提高学习与工作效率、充分发挥才能的重要基础。兴趣使得学习与工作不再是一种负担，而是一种享受。小星之所以选择在上课时间去"宣讲"，就是因为她认为做与兴趣相关的事情比学习有意义、有价值，但小星的做法是不可取的，需要及时引导和纠正。

第三，兴趣是保证学业、稳定职业，进而取得成功的重要因素。兴趣是许多人学习与工作的动机源，在其他条件相似的情况下，从事自己感兴趣的学业、职业会更令人满意，学业、职业的长期性与稳定性也会更高。但是，这也成为家长担心的事情，生怕孩子不顾学业把学习时间都投入到兴趣上。因此，若能将看似与学业不相干的兴趣，通过合理的转化，使之与学业发生关联，转化为学习的动力，那么便能发挥出兴趣的积极作用。

▼
小贴士

动机

动机是激发和维持有机体行动，并将行动导向某一目标的心理倾向或内部驱力。兴趣是指趋向某一活动的内在倾向，包括直接兴趣和间接兴趣，兴趣是动机的一种。一般认为，动机具有三方面功能：（1）

激发功能，激发个体产生某种行为；（2）指向功能，使个体的行为指向一定目标；（3）维持和调节功能，使个体的行为维持一定的时间，并调节行为的强度和方向。依据引起动机的原因，可分为内在动机和外在动机。前者由有机体自身的内部动因（激素、中枢神经的唤起状态、理想、愿望等）所致，如学生出于对学习本身的热爱而努力；后者则由有机体的外部诱因（食物、金钱、奖惩等）所致，如学生为了得到老师的表扬或者家长的奖励而努力学习。

指导建议

一个人倘若对任何事情都没有兴趣，这是非常可怕的。想想我们自己，不也一样对旅行、烹饪、运动、音乐等情有独钟吗？既然如此，我们又怎能苛求孩子为了学业彻底放弃所爱呢？兴趣很重要，但是兴趣的培养需要消耗时间，帮助孩子平衡学习与兴趣爱好便成为了一个重要的议题。

尊重孩子的爱好，并给予正向引导

尊重是基础，当孩子感受到您对他所爱的支持时，才愿意与您袒露心扉。孩子进入高中以后，俨然已经成长为一个小大人，家长应当给予孩子充分的尊重，包括孩子学习以外的兴趣爱好。在不影响正常学习生活的情况下，家长可以选择参与进孩子的兴趣爱好中，增加亲子互动。比如，案例中小星的妈妈在发现女儿的兴趣点之后，应该多与女儿交流沟通，改变自己对昆虫的刻板印象，可以带女儿前往上海自然博物馆、上海植物园等地实地观察昆虫，学习昆虫有关知识，帮助孩子放松身心，拓宽眼界和知识面。不由分说彻底否定孩子的兴趣爱好，只会将自己与孩子对立起来。

然而，当孩子过于专注于兴趣爱好而影响了正常的学习和生活时，家长就应当及时采取措施，帮助孩子走出误区。这其中最关键的就是沟通，避免像案例中小星的妈妈一样，利用母亲权威来威胁压制孩子的兴趣，拒绝与孩子沟通，强迫孩子放弃兴趣爱好等。具体地讲，家长在表达自己的观点前要先站在孩子的立场感同身受，语气也要平和。譬如告诉孩子："最近在你的影响下我也了解了昆虫，真的是小虫子有大世界！"而后尝试了解孩子为什么会"本末倒置"，在知晓原因之后再对孩子进行劝诫，说明现阶段学习的重要性，并且表示对孩子兴趣的支持。最后可以带领孩子编制时间计划表，规划学习与兴趣时间，尽量做到二者兼顾。

将兴趣与孩子生涯发展相结合

"知之者不如好之者，好之者不如乐之者。"兴趣是学习最好的老师。一个人如果能根据爱好选择职业，那么他的主动性将会得到充分地发挥，也会在自己的领域有所成就。当发现自己的孩子对音乐、动物、植物、天文等感兴趣时，聪明的家长就能够从中看到发展的可能，甚至能够积极探寻出孩子兴趣与未来职业选择的联系，帮助孩子"以兴趣为业"。以小星为例，她喜欢研究昆虫，那么小星的家长可以引导小星未来朝着与昆虫有关的专业领域学习和发展，比如，昆虫学专业、农学专业、林学专业、植物保护专业等等。折射到现阶段，妈妈可以告诉她："你喜欢昆虫这很好，将来研究生物学肯定能有成就！妈妈也看到了你出色的生物考试成绩，但是想去理想的学校攻读生物，只有生物学得好是不够的，要把每门功课都学好将来才有选择的余地，你说对吗？"

如果孩子的兴趣爱好是唱歌、跳舞、绘画等与高考科目没有直接关联的学科，家长也不应强制禁止。相反，应当鼓励孩子把握学校演出等展示自己才艺的机会，他们在这个过程中收获的快乐和自信往往能对学业产生意想不到的积极作用。至于可能产生的耽误学习的问题也不可回避。家长可以和孩子一起规划时间："你要参加学校的演出这很好，但是排练要占用一些时间，你打算怎么补习落下的功课呢？你有好的时间规划不妨告诉我，如果我们都觉得是个不错的办法，那就去做吧！演出时我们去给你捧场哦！"虽然"以兴趣为业"可能难以实现，但长远看来，这类兴趣不仅是陶冶情操、放松身心的好途径，而且还可以培养孩子的特殊技能，有助于孩子未来职业生涯的发展。

培养孩子高雅的兴趣爱好

我们建议家长支持孩子的兴趣爱好，但并非纵容他们"我行我素"，特别是当孩子有沉迷于低俗爱好的苗头时应及时制止。高中生正处在人生关键期，身体渐渐成熟，但心智却还未发育完全，辨别能力有限，极易受到不良风气的影响。当家长发现孩子的兴趣爱好低级低俗，并偏离主流价值观时，一定要尽早采取干预措施，避免孩子越陷越深，养成不良的生活习惯，比如沉迷网游、无聊的网剧等。一方面，家长要严厉制止，不容商量；另一方面，要反思为什么孩子会有这些低俗的爱好。反思过后，家长不能仅仅依靠呵斥和强势地责令使孩子远离不良爱好，应当帮助孩子用高雅的兴趣爱好代替低俗、无聊的爱好。家长可以选择一些有趣的书籍陪孩子一同阅读，并在茶余饭后交流感想，以此培养孩子的阅读兴趣；也可以与孩子一起去上海博物馆、上海天文馆等地参观，培养孩子对自然、人文的兴趣；还可以带领孩子前往上海音乐厅、东方艺术中心等地欣赏音乐与艺术，培养孩子对音乐、艺术的兴趣，陶冶情操……这些高雅的兴趣将成为一种生活方式，在孩子进入大学后继续陪伴他们，让其一生都可以免受不良兴趣爱好的侵蚀，成为一个志趣高雅的人。

如何处理家长期望与孩子理想间的冲突

案例描述

　　高考成绩公布，小张考得很不错，但填报志愿的过程却不顺利。小张的爸爸妈妈都是出色的医生，虽然辛苦，却很安稳，受人尊重，很有成就感。父母都希望小张能够子承父业，也成为一名救死扶伤的医生。但小张却不这么想，他一心想学习农业。

　　原来，小张的爸爸妈妈平日里工作十分繁忙，他从小是由奶奶带大的。奶奶幼年时曾经历过饥荒，每每和小张回忆起当年饿殍遍野的景象都会伤心地落泪。后来他知道了袁隆平院士的故事和所做的贡献，联想到奶奶忆苦思甜的情境，小张对袁隆平院士的工作十分向往。小学每年寒暑假，小张都会跟奶奶回青浦区的农村老家，这里和上海市区完全不一样，天蓝水清，自由自在，小张十分喜欢。懂事的小张还会在农忙时节主动帮爷爷奶奶做农活，就算是需要下田也不叫苦不叫累。当了一辈子农民的爷爷有时候看着小张在田里忙碌的身影都会忍不住夸一句："这孩子是个侍弄庄稼的好苗子！"种田虽然辛苦，但也能给人带来收获的喜悦与满满的成就感。在袁隆平爷爷故事的激励下，在田间地头的劳作中，小张渐渐坚定了自己的理想，立志成为一名优秀的农学家。

小张的父母对小张的理想很不理解，他们苦口婆心地跟小张讲学农的辛苦，比如要下试验田、要顶着烈日做农活、就业形势不乐观等等，又说了许多学医的好处，比如受人尊敬、工作安稳、有医疗体系内的父母保驾护航等，但这些都没能动摇小张投身农业的决心。他告诉父母自己对此早就有所了解，也有信心能够克服学农的困难。小张的父母这才傻了眼，虽然之前也偶尔听小张提起过自己的理想，但二人并未当真，只以为是儿子一时的心血来潮。事实上，小张自从中考后就开始搜集农业院校的资料，并购买一些教科书开始了自学，在学习过程中甚至已经找到了一些自己的兴趣点。小张从小就很有主见，计划能力和执行能力都很强，这些曾经让父母颇为骄傲的优点如今令他们非常头疼。

案例解析

电影《三傻大闹宝莱坞》里兰彻对他爱摄影的朋友说："跟工程学说拜拜，跟摄影业结婚，发挥你的才能。想象迈克尔·杰克逊的爸爸硬逼他成为拳击手，拳王阿里的爸爸非要他去唱歌，想想后果有多可怕！"

经过中考的洗礼和高中三年的学习，高中生逐渐意识到了理想与现实的距离，压力随着年龄的增长而加大，烦恼随着渐长的身影而拉长。有些孩子童年时被无限放大的梦想在升入高中后被无限缩小，沦为实用主义的奴仆；但也有一些孩子经受住了世俗与压力的挑战，在成长的过程中愈加坚定了自己的理想。案例中的小张就属于后者，他对理想的执着绝非心血来潮。小张父母对待工作的态度值得我们尊敬，但他们对孩子的忽视却略显"失职"。由于工作繁忙而把孩子托付给奶奶照顾，错失了本该有的亲子交流与相处的机会，对于儿子的理想并未给予应有的关注。在小张明确表示自己的选择后，小张的父母并没有试图去理解孩子的理想，只凭着对农学的刻板印象劝小张放弃。家长的期望与孩子的理想产生分歧，这是很多家庭都会面临的问题，参照小张的故事，主要有以下几个影响因素。

家长对孩子的基本情况了解不足

进入高中后，孩子渐渐走向成人，对自己的未来也会有一些设想与规划，只是在清晰程度与实现可能性上存在不确定性。家长对孩子未来的期望一般都是结合孩子的能力水平、个性特征、人格类型、兴趣爱好等方面设定的。霍兰德职业兴趣理论认为，人格类型、兴趣与职业密切相关，兴趣是人们活动的巨大动力，凡是使个体感兴趣的职业，都可以提高人们的积极性，促使人们积极地、愉快地从事该职业。但是，当家长对孩子不够了解时，家长对孩子的期望值与孩子的实际情况就会产生较大偏差。案例中，小张的父母很显然对小张的关注不够，并不了解孩子的兴趣与内心世界，仅凭借自己的职业背景和家庭环境便自顾自地为小张设定好了未来，并没有从孩子的角度考虑问题。

"大家长"思维悄悄作祟

很多家长并没有将孩子看作一个独立的个体，给予足够的尊重，而是理所当然地把孩子当作自己人生的附属品和生产出的"成果"，不考虑孩子的想法，自以为是地想要为孩子规划好"美丽人生"。这类家长要么是自身事业有成，有着别人艳羡的成功人生，希望孩子能够直接"复制"自己的成功经验，少走弯路；要么是自己的人生留有遗憾，想借孩子实现自己的人生目标。案例中的小张父母便是第一种家长，他们在付出的同时体会到了职业带来的一些优势，并希望自己的儿子能拥有这种优势。

孩子的理想本身不切实际

家长与孩子的理想产生冲突，并非都是家长的问题，花花世界中不良的社会风气会导致高中生追求的理想参照物经不起推敲。自媒体时代，一些信息可能误导高中生，影响高中生理想信念的确立。当孩子的理想不切实际时，父母有责任有义务对孩子做出正确引导，帮助孩子树立正向的、切合实际的理想。譬如，有学生受到某些电视剧的误导，认为医生就像剧中演员那般光鲜亮丽，对于学医的艰辛和从医的不易全然不知；有学生受"霸道总裁"形象的误导，认为从商、创业是很潇洒且富足的，对于成功背后的风险与创业初期的坎坷全然不知；有学生想要放弃学业当网红、练习生等等，这些理想背后错误的人生观、世界观都需要家长及时纠偏。

小贴士

职业兴趣理论

约翰·霍兰德是美国约翰·霍普金斯大学心理学教授，美国著名的职业指导专家。他于 1959 年提出了具有广泛社会影响的职业兴趣理论。他认为人格类型、兴趣与职业密切相关，兴趣是人们活动的巨大动力，凡是使个体感兴趣的职业，都可以提高人们的积极性，促使人们积极地、愉快地从事该职业，且职业兴趣与人格之间存在很高的相关性。霍兰德认为人格可分为现实型、研究型、艺术型、社会型、企业型和常规型，职业环境也可以分为同样的六类，当人格类型与职业环境相匹配时，人们工作的积极性与满意度会提高。

指导建议

每个家长心中关于自己的孩子都会有一个理想的模样——出色的医生、知名的教授、金融才俊等等，这些美好成为我们培养子女的动力。然而，当有一天突然发现孩子不愿成为我们理想中的那个人时，我们难免会惊讶、失落、陷入矛盾。其实，不少高中生的理想并非心血来潮，所谓"冰冻三尺非一日之寒"，他们经历过的事、见到的人、听到的故事，都有可能幻化为理想的种子。当这颗种子与我们的期望发生冲突时，不妨先问问自己，我们多久没有和他交流了？是不是只关心他的成绩而忽视了他的所爱？我们真的了解孩子吗？

"见缝插针"与孩子交流

理想是一个很宏大的话题，家长和孩子坐下来很认真地谈论理想往往不现实也没有必要。相比一本正经地讨论，我们更主张"见缝插针"地交流，孩子想做什么、不想做什么多数情况下是有预兆的。高中生不是小孩子，他们的喜好和理想会转化为现实中的行动，会表现为一种特别的关注。很多家长表示，之所以与孩子沟通少，是因为自己工作忙，孩子功课多，没有时间和机会交流。但同在一个屋檐下，家长要做个有心人。案例中，小张父母每天与小张一起生活，如果有心关注，就会发现他对农学的兴趣已经隐藏在了日常谈话里，但父母却不以为意。对孩子的话"不以为意"是不可取的，家长要会听、会看，给自己理解孩子兴趣、消化孩子理想的时间，避免家庭中的矛盾和冷战。具体地，家长可以在餐桌上与孩子交流见闻，探讨人生，讲学习，谈工作；饭后可以一同遛狗、散步等等，甚至每天在接送他上下学的路上都可以谈心。

尊重孩子的正当理想

如果沟通是为了了解，那么了解之后就要尊重。家长应该认识到孩子不是自己人生的附属品，他们拥有独立的人格与属于自己的未来，孩子的人生归根结底是由他们自己塑造。对于孩子正当且符合实际的理想，家长应该表达支持的想法，并与孩子一同规划，探寻实现理想的最佳路径。上述案例中的小张是个理想坚定且有规划意识的孩子，他的理想既是出于自身的兴趣爱好，也有为社会、为国家奉献的情怀，是正当且符合实际的，小张的父母应当支持孩子的理想，而不是做孩子追求理想路上的绊脚石。

我们认为，一个好的父母仅仅做到形式上的妥协是不够的，还应当给予充分的支持。对孩子理想真正的支持应该建立在对孩子的充分理解和尊重的基础之上，以孩子的心理准备和接受能力为前提，然后进行适当的启发和引导，需要精心呵护，不是说教，不是命令，更不是趁机提条件。当我们感知到孩子是因为对职业理解不充分而做出"不理性的选择"时，家长应当心平气和地告诉孩子做出该选择会承担怎样的风险，通过充分的商量和探讨，让孩子理解家长的想法。如果孩子在充分评估风险之后仍然坚持理想，那么最终我们仍需把决定权交给孩子。要知道，孩子是我们的，但人生终究是他们的。

帮助孩子树立远大理想

"生活不止眼前的苟且，还有诗和远方的田野。"家长与孩子的理想有冲突常常源于立场不同。高中生依然处于青春期，有一腔豪情也容易激动，对于人生难免会理想化。家长阅历丰富，经历几十年的洗礼，对于职业的看法更加务实。但一个机智的家长并不是用现实来给孩子洗脑，而是要在理想与现实之间找到一个平衡点，一个两代人都能达成共识的平衡点。这就需要家长放大格局，引导孩子树立远大的人生理想，而不是囿于"小我"之中，只关注未来好不好就业、能不能赚钱、社会地位高不高等诸如此类的问题。家长要引导孩子了解国家、社会的需求，从国家利益出发、从大众福祉出发，选择最有价值的事情，专心做下去，在服务国家、奉献社会的事业中让自己变得更加优秀。这一过程对于很多家长而言是挑战，意味着家长自身要克服"小我"的束缚，和孩子一起成长，一起关注家国、社会。家长可以陪孩子收看新闻，关心国家政策和社会大事，彼此交流看法，并及时给予指导；周末可以和孩子一起观看相关题材的电影、纪录片，《我和我的祖国》《红海行动》《长津湖》等具有教育意义的电影都是很好的选择；还可以依据家庭实际情况，在假期安排亲子游，游览各类历史博物馆、革命圣地，例如，上海历史博物馆、四行仓库、中共一大会址……通过丰富的形式，引导孩子立足当下，树立理想。

如何教孩子接纳不完美的自己

正读高一年级的王斌今年 16 岁，身高一米六三，比起同龄男生，矮了不少，甚至比班上的有些女生还要矮。其实，王斌在九年级时曾和妈妈提过对自己的身高很不满意，这么矮，真的很丑，觉得别人表面上虽然对自己不错，但是内心肯定都看不起自己，没有人愿意和自己真心交朋友，而且未来肯定是没有前途的，因此他强烈要求去医院做接骨增高手术。妈妈看着儿子焦急的模样，打电话咨询了自己的医生朋友，经初步了解后认为，这个手术风险性太高，不同意王斌做增高手术，但是王斌态

度坚决，双方僵持了几天，最后妈妈妥协了，同意中考结束后，带他去医院详细地了解一下这个手术。

中考结束的暑假，在王斌的一再要求甚至以跳楼等极端方法的威胁下，妈妈只好叫上已经离婚多年的爸爸，一起陪同王斌去几个大型医院进行相关检查和咨询，最后几位骨科医生给出的意见都是王斌的骨头已经基本定型了，再长高的可能性不大，几乎都不赞成他做接骨增高手术。因为这个手术一旦失败，落下终身残疾的可能性相当高，没有一个医生敢冒风险做这样的手术。医生的这些结论给了王斌当头一棒，对他的打击非常大，他认为自己的一生就因为身材矮小而完结了。王斌一整个暑假都非常消沉、易怒，还多次咒骂爸爸妈妈，责怪他们在他长高的关键阶段忙着闹离婚，根本不管他，害了他一生。

进入高一之后，王斌的情绪状态越来越糟，每天都开心不起来。大课间休息时，他要么在教室趴着睡觉，要么一个人去操场散步，看见同学迎面走来，他就假装看不见，有意避开，不和其他同学交流。久而久之，班上的同学都以不合群为由渐渐疏远了他。上体育课时，看着同班男生打篮球时帅气的身影，旁边还有女生围观加油，王斌就更难过了。有一天，他在网上看到某医院登出的接骨增高手术广告，又一次激起了他做手术的想法。于是他天天在卧室摔东西，甚至以死相逼，要求妈妈带他去医院做手术。王斌妈妈无力招架，也很担心他在学校住宿的安全，只能向王斌的班主任姜老师求助。

案例解析

有句话说:"每个人的生命都是被上帝咬过一口的苹果。"的确,每个人都有不足,有的人不漂亮,有的人身材矮小,有的人不够聪明,还有的人说话结巴……进入高中后,女孩子变得爱美,男孩子也开始关注自己的身高和相貌。"以貌取人"的刻板印象普遍存在,俊男靓女的美妙画面无处不在,在媒体的各种宣传中,外在形象似乎与成功和幸福画上了等号。在这样的社会洪流中,青少年群体往往被裹挟着,体貌上的不足在不自觉中被悄悄放大。他们会因为青春痘而烦恼,会因为漂亮的女孩更受欢迎而对自己的外貌感到自卑,会因为高大帅气的男生在篮球场上备受关注而为自己的身高感到困扰,甚至自暴自弃。

自卑心理危害多

奥地利心理学家阿德勒在其著作《自卑与超越》中写道:我本自卑。人类的所有行为,都是处于"自卑感"以及对于"自卑感"的克服与超越中。由此看出,自卑是一种常见的心理现象,每个人都会存在自卑心理。而自卑心理如同一把双刃剑,如果不能正确发挥它的激励作用,就会影响自己的成长与发展。高中生处在青春期,既敏感又脆弱,产生自卑心理若不能正确引导,很可能导致人格不健全、性格缺陷等不良后果。案例中的王斌身高不如同龄人,对自己的能力和未来发展评价过低,在校拒绝与同学交流来往,在家责怪父母、摔东西,甚至用不理智的跳楼行为要挟妈妈,王斌的自卑心理使他多次情绪失控,已经对他的心理健康和人际交往造成了不利影响。

高中生的体像烦恼

高中生的生理发育相比于初中阶段进一步成熟,他们对自身生理发育的体验尤为关注,并且在心理世界中占据了不小的位置,形成了该年龄人群特有的"痛点"。高中生处在"小孩"和"大人"的过渡期，对于真正的美的含义还不能理性地感知与深刻地把握，所以对于他们而言，高中时期尤其关注自己的外在形象，还会在意别人对自己的看法。同时他们也爱把自己的身体容貌等与同龄人相比，假如自己的身体容貌令自己不满意，就会产生焦虑与烦恼。案例中王斌将自己的身高与别人进行比较，他发现自己比班里女生还要矮，这一现实让他郁闷，担心别人嫌弃自己，形成了较为严重的体像烦恼。

父母关爱与关注的缺失

和睦的家庭氛围与温暖的父母关爱能让孩子的生理发育更为顺利。在案例中我们了解到王斌的父母在儿子长身体的关键阶段忙着处理婚姻问题，在孩子身高问题逐渐暴露出来的时候没有做好及时的疏导，离婚后的爸爸对儿子的关心甚少，只有在手术协商这种大事上才出面，这种忽略造成了他心理上的孤独与不适。如果父母能及时察觉儿子体貌的问题，及时就医，最大程度弥补缺失，或是在日常交谈中让孩子正确认识这一问题，也许就不会导致案例中的后果。

小贴士

体像烦恼

体像烦恼指由于个体自我审美观或审美能力偏差导致对自我体像失望而引起的心理烦恼。对于高中生而言，具体表现为形体烦恼、性别烦恼、性器官烦恼和容貌烦恼等方面。国内外相关研究表明，如果高中生对自己的身体不满意，则会对其整体的自我概念（例如自尊）产生负面影响。研究还指出，相较于女生，体像烦恼对男生自尊的消极影响更大。

指导建议

高中时期的孩子正处于自我完善阶段，这一阶段的孩子对于周围人的评价、看法往往更为在意，这些在意虽然能够帮助孩子在生活、学习中不断完善自己，让自己不断成长。但是，如果孩子在关注的过程中，过于在意自己的弱点，那么就会在无形中将这些弱点放大，进而陷入自卑的陷阱中。所以，如何帮助孩子正确看待自己，以及当孩子出现自卑情绪时家长应当如何应对，就成了家庭生活中不可缺少的一环。

给予孩子关注与鼓励

高中阶段的孩子不愿对家长袒露心声，与父母渐渐产生了疏离感，所以父母需要主动与孩子交流，及时发现孩子内心的需求。王斌的爸爸妈妈应该在王斌首次提出做增高手术甚至更早的时候，注意到儿子对于身高的不满，以及对增高的需求，了解到孩子已经出现了早期的心理困惑。如果那个时候及时寻求专业的心理健康专家帮助，那结局是否不一样呢？此外，王斌很在意他人的评价，所以作为父母，应多鼓励与欣赏王斌，告诉他体貌不是人生的全部，很多身材矮小的人依然有所成就。同时还应给儿子创造展现自己优点的机会，去发展一些体育运动之外的、对身高没有要求的特长，使其从其他领域建立自信，比如，鼓励王斌去学书画、编程、乐器等等，给王斌精心搭配衣服与鞋子，以弥补、弱化身高的缺陷。

指导孩子正确地评价与比较

常言道："金无足赤，人无完人。"家长首先要让孩子明白，在现实生活中，完美是不存在的，更多时候，我们要欣赏的是真实的、残缺的美。美国心理学家埃利斯提出了情绪 ABC 理论，他认为对于事件的不正确评价或不合理信念会使个体产生情绪困扰。王斌天生身材矮小这是"前因"，但他如何解释这一问题则是通往不同"结果"的桥梁。王斌的妈妈要让王斌学会接纳自己，在看到自己不足和正视自己弱点的基础上，帮助他恰如其分地看到自己的长处，正确地评价自己，树立正确的信念，如此才能与不完美的自己相处，达到最好的结果。其次，人生活在社会中，和别人比较是很正常的事，妈妈应帮助王斌学会正确地比较，只有这样，王斌才不会在盲目比较中迷失自我，才能发挥补偿作用，用擅长的方面弥补自卑感，克服体像焦虑。

帮助孩子正确地疏导不良情绪

即使我们做很多努力，但体貌的缺陷依然是事实，由此引发的不适不可避免，孩子难免会在一些特定的时候因为先天的不足而苦恼。身为家长，一定要帮助孩子正确管理自己的情绪，允许不良情绪的存在，学会正确地宣泄和排遣，学会控制和消解，以健康的方式宣泄自己的情绪，做情绪的主人。这样将来孩子走向社会，才能独立面对各种不悦。对于易冲动的孩子，家长不妨与其约定，在愤怒的时候不要说话，沉默十分钟，十分钟之后再表达自己的观点，如此可以在很大程度上减少家庭矛盾，也有助于培养孩子冷静的个性。家长在要求孩子的同时，自己也要以身作则，冷静地处理婚姻问题与家庭琐事，避免当着孩子的面恶语相向，要给孩子树立好的榜样。

2

亲子沟通篇

如何与孩子适时有效地沟通

　　高二学生晓锋是一个单亲家庭的孩子，从小和从事机械维修工作的爸爸一起生活。爸爸平时工作很辛苦，赚钱不多，但是足够维持父子俩正常的开销。晓锋在爸爸眼中一直是个乖巧懂事的孩子，很少让爸爸操心。小的时候，他总跟在爸爸身后，但不知从什么时候开始，他变得沉默了，也不愿意和爸爸出门了。到了高中，便只跟同学出去。爸爸只是根据他的喜好，照料他的生活起居，做好后勤保障工作。有时，工作了一天的爸爸回家询问他的学习以及考试情况，他只是简单地回答

"就这样""也还好吧"，顶多再把成绩报一下，因为晓锋觉得再怎么讲，爸爸也不懂。当爸爸问他想吃什么或想买什么时，他的回答总是"随便""都行"。

久而久之，父子俩的对话越来越少。爸爸很想和儿子多一点交流，对儿子多一点了解，但很多时候都欲言又止，只能一个人看电视或玩手机，直到晓峰做完作业才上床睡觉。晓锋爸爸总觉得是自己没用，没有文化，在学业上帮不了孩子什么忙。

有一次，晓锋的爸爸去参加家长会，会后主动找到班主任刘老师，询问儿子在校的表现。在刘老师心里，晓锋是个聪明的好孩子，她告诉晓锋的爸爸："晓锋在学业上勤奋用功，还利用业余时间积极参加学校组织的各项活动。这不，学校刚刚举办的机器人创新大赛初赛，晓锋拿到了晋级资格，马上就要代表学校参加市区的比赛了！"听到这个消息，爸爸既高兴又难过，高兴的是他知道晓锋受他的影响，从小就爱把玩机器零件，这次说不定能拿个大奖回来！难过的是，儿子从准备到入选，自己竟然一无所知，得到晋级资格都没有把这样的好消息和自己分享。回家的路上，爸爸回忆起了晓锋小时候，父子俩有说有笑、亲密无间的场景，越想心里越失落，决定回家好好和晓锋谈一谈。

傍晚，晓锋像往常一样回到家便径直去洗手吃饭，已经在心里暗暗"彩排"了很多遍的爸爸提高了声音，用激动的语气说："听刘老师说，你准备参加机器人创新大赛，爸爸全力支……"话还没说完，晓锋便一脸不高兴地责怪爸爸瞎操心："参加这个比赛要买材料，还要设计、制作模型，哪有这么简单，你懂什么啊！"说完，便放下碗筷，回卧室了。晓锋爸爸望着紧闭的房门，发呆了很久。

案例解析

　　高中生和初中生相比，已经有了很大的不同，他们有更加强烈的自我意识，喜欢自己处理问题，不愿意家长过多干涉。有些孩子并不是性格内向，他们与同伴交往时仿佛有说不完的话，但与父母沟通时，就会选择主动关闭沟通通道。

家庭结构不完整

　　日本犯罪心理学家森武夫说："家庭是人个性的塑造场。"家庭中的父母和孩子就相当于三角形的三条边，父母任意一方的缺失，都会使得这一稳定的家庭结构失衡，从而影响家庭正常功能的实现。具体说来，母亲的缺位对子女心理健康的影响更大，如果孩子幼年就生活在没有母亲的家庭中，那么他们的情感能力很容易退化。相关研究表明，在母亲良好影响下成长的孩子共情能力更强，情绪智力水平更高。案例中的晓锋就生长在一个母亲缺位的家庭中，从小没有感受过细腻的母爱，缺少与母亲生活的经历，如此一来，他和爸爸的互动成为家庭中人际交往的唯一方式，一旦父亲因为忙碌而疏于关注，就很容易导致孩子与家长日渐疏远。

父子间沟通不畅

　　亲子沟通状况是判断亲子关系好坏的重要标准，也是维系亲子关系的重要途径。本案例中，晓锋父子沟通的内容单一贫乏，爸爸除了例行的嘘寒问暖，便只有询问学业情况，生活、兴趣等方面的关注很少。要知道，高中生的生活是丰富多彩的，亲子之间交流的内容也应该是多元化的。爸爸的关注点比较单一，聊天内容较为浅显，久而久之，父子的沟通成为了一种"不走心"的交流，晓锋感觉不到爸爸的爱，爸爸也得不到关于儿子的任何信息，二人之间的"屏障"就此产生。更雪上加霜的是，父子间一起聊天的时间有限。父亲独自养家很是辛苦，儿子忙于学业少于沟通，时而爸爸想和晓锋聊天却欲言又止，晓锋也没有主动沟通的意愿，两人的沟通频率一再降低，从而进一步拉大了父子间的距离。亲子互动频率的高低会直接影响亲子关系的好坏。家长与孩子之间的亲密互动，可以使孩子在身心发展和精神享受方面得到满足。

父子间缺乏欣赏与信任

相互欣赏与信任是家长与孩子之间建立关系的基础。从双向角度看，亲子信任分为孩子对家长的信任和家长对孩子的信任。孩子是否愿意将心事、想法主动分享给父母，一定程度上可以折射出孩子对家长的信任情况。孩子在早期会比较依赖父母，这个时期最易形成亲密感。然而，随着孩子的不断成长，他们的自我意识逐渐增强，对家长的依赖性逐渐减弱。在他们心中，父母不再是那么"无所不能"，不再是他们心中的"超人"，甚至有时候会察觉到父母眼光、想法的局限。案例中的晓锋明明知道爸爸从事机械维修工作，对于组装、拆解等和机器人相关的事情很了解，但他却没有将入围市赛的好消息告诉爸爸，而且当爸爸主动问起此事时，他也不愿与爸爸分享，甚至表现出了不耐烦，这说明晓锋对爸爸的欣赏已大不如前，父子之间的信任感减弱了，故而不愿打开心门交流。

指导建议

要想与孩子愉快地"玩耍"，家长就需要掌握一定的相处技巧。其中，沟通作为亲子互动的主渠道，需要家长认真反思、摸索，比如主动沟通、寻找共同话题、创造交流机会等。互动的方式不仅仅局限于口头交流，还包括家庭活动。二者的有效配合能够让亲子相处更加愉快。

家长与时俱进，寻找共同话题

很多高中生对一些事物特别是一些流行时尚信息的了解已经超过了自己的父母，如果家长故步自封不愿意接触新鲜事物，那么亲子间的距离必将越来越远，隔阂和代沟必将越来越大。晓峰爸爸的文化水平不高，对于流行文化知道的也不多，晓峰就不愿与爸爸进行交流。因此，晓锋爸爸要主动了解当下年轻人接触的信息，让晓峰知道爸爸在与时代同频，与自己同进步，只有这样，二人才能增加共同语言，多一些话题。

善用零碎时间，创造交流机会

在沟通频次和时间上，家长应努力创造交流机会。晓锋不愿与爸爸交流可能是因为不知道说什么，而晓锋爸爸或许是更多考虑到晓锋功课繁重，不愿占用其宝贵的学习时间。但实际上，同在一个屋檐下，父子俩总会有机会见面说话。所以爸爸要做个有心人，在看电视、做家务的时候聊几句，而且聊天的时候，注意力尽量放在电视内容和家务活上，与上述内容无关的事情只是辅助话题。更重要的是，做家长的自身不能感到自卑，要认识到自己所从事的平凡工作也是有意义的，不要认为和孩子讲自己工作中的事情是浪费时间，要知道，当你自信地告诉孩子今天克服了一个什么困难、完成了一项什么任务时，孩子心中的"超人"就又回来了！如果晓锋的爸爸肯将自己维修中遇到的问题和晓锋交流，让晓锋帮忙解决，或者把自己用聪明才智解决实际问题的过程与儿子分享，那么，儿子便会在潜移默化中建立起对父亲的欣赏，不会再说出"你懂什么"这样的话。

组织家庭活动，活跃家庭氛围

改善家庭氛围有很多方式。其中，组织丰富多样的家庭活动不失为一个好办法。众多心理学研究发现，家庭活动不仅有助于建立亲密、和谐的亲子关系，还可以提高家庭成员的生活满意度，而且家庭活动的频率越高、持续时间越长，就越有助于提升孩子的幸福感、安全感和归属感。本案例中，晓锋的爸爸除了组织好核心家庭活动（吃饭、看电视等）之外，还可以通过多样化的互动方式，淡化单亲家庭结构带给晓锋的不良影响，比如，带晓锋去上海科技馆看机器人展览、去爸爸上班的工厂体验组装与制作的过程等。一方面，"投其所好"地尊重了晓锋的兴趣爱好；另一方面，能在晓锋心中彰显爸爸的价值。对于不善言辞的父子二人而言，这种活动更容易让父子感情升温。

小贴士

家庭活动

　　家庭活动主要包括核心家庭活动和平衡家庭活动两种模式。其中，核心家庭活动是指日常生活中低成本的、相对容易的、多在家里发生的活动，比如吃饭、看电视、玩游戏等；平衡家庭活动是指不常发生的、新颖的、户外的活动，比如露营、旅行、看话剧。家长不仅要重视吃饭、看电视、散步等看似平常的核心家庭活动，还要结合孩子的兴趣和个性，和孩子一起组织多种类型的平衡家庭活动。

如何有效地"表扬"孩子

　　高二年级的王云从小就是长辈口中"别人家的孩子"，学习成绩优秀、多才多艺、性格恬静。上了高中，在学业繁重的情况下，王云依然名列前茅。即便如此，她还是有很多烦恼。近两年王云父母的公司业务拓展，工作太忙，几乎照顾不到她，她便养成了写日记的习惯。以下是她的三篇日记。

　　2021 年 6 月 3 日　星期四　天气晴

　　今天是上周单元测试出成绩的日子，让我开心的是我的总体成绩还不错，就是考数学时大意了，不过还是保持在班级第一。但我不想把这样的好消息告诉爸爸妈妈，因为前几次我跟他们说起最近的学习情况以及小测试成绩时，他们只会说："真棒，继续努力！""不错，不能骄傲啊！"他们都不问我每门考了多少分，问题出在哪儿，是真的关心我、在意我吗？

2021 年 6 月 14 日　星期一　天气晴

今天是端午节，妈妈带我去姥姥家聚餐，本该高兴的日子，我却一点也高兴不起来。别看平日里我妈对我的成绩不怎么关注，可是在七大姑八大姨面前，提起我的成绩，对我的夸赞可是一点都不吝啬，甚至让我尴尬到想找个地缝钻进去！这不，今天又和舅舅一家夸耀："我家小云的学习成绩一直是学校里的前几名，考重点大学一点儿问题都没有，到时候升学宴都得来啊！"面对这样的夸赞，我尴尬极了。我跟她说了好多次，不要当着这么多人的面表扬我，我会有很大压力的，可她总是嘴上答应，一见到熟人就把我的话忘了，难道我就是用来炫耀的吗？

2021 年 7 月 9 日　星期五　天气阴

终于放暑假了，可以好好休息一下。刚到家，爸爸妈妈就说要带我去和一个重要的客户吃饭，客户家里有个和我一样大的孩子，想到能多认识一个同龄的伙伴，我便欣然答应了。用餐时，大家说说笑笑，都很开心，我也很喜欢那个叫小美的女生，我们约好了下周一起出来玩。在回家的路上，妈妈跟我说起了小美："小云啊，你比小美强多了，你不知道小美的成绩有多差，我跟小美妈妈说起你的成绩时，把她妈妈羡慕的呀，还问我是怎么教育的。宝贝女儿可真给我和你爸长脸啊……"我真的很无奈，为什么他们总要拿我跟别人比较，我是我，她是她，只关注我不好吗？

他们之前答应过我，只要期末保持年级前三名，暑假就带我去澳洲旅行，我已经期盼很久啦！一回到家我就提起了去澳洲的事情，结果，爸爸说："刚刚谈成一单很重要的生意，怕是没时间陪你了。今天正好带你认识了小美，看你们聊得挺投机的，这不正好可以和小美结伴一起去澳洲研学。"说着，给了我一张银行卡。

唉……

案例解析

随着社会的进步和教育理念的更新，越来越多的家长意识到棍棒式教育的不足，懂得通过夸赞、表扬、鼓励和奖励等积极的方式帮助孩子健康成长，但是这些方式在没有科学指导的情况下，容易走向另一个极端，比如应付式表扬、当众式表扬、比较式表扬，以及滥用物质奖励等，使表扬失去该有的价值。

表扬停留在表面

有些家长把表扬等同于当下倡导的赏识教育，他们从不吝啬对子女的表扬。的确，多表扬少批评是家庭教育的基本原则之一，但这并不意味着表扬可以随便进行，表扬不是随便说几句好听的话。心理学研究认为，有效表扬的首要特点是真诚和具体。案例中小云的父母在得知女儿取得好成绩后，随口而出的"真棒""不错"等一系列空洞的表扬，对于高中生王云而言，有一种哄小朋友的虚伪感，他们的表扬只是停留在表面,这种无效的表扬不但不会让王云感受到被鼓励,反而会在内心产生不满和怀疑。

当众表扬引尴尬

"太尴尬了""我太难了",各位家长有没有发现自己的孩子会发出这样的感慨,经常把类似于这样的话挂在嘴边。孩子进入高中阶段后,在人际交往上更加地害羞和腼腆,已经不是那个在亲戚面前大大方方表演节目和接受"彩虹屁"式夸赞的小朋友了。面对突如其来的当众夸奖和表扬,他们往往不是手舞足蹈,而是脸红和不知所措。即便我们的表扬是真诚的,但也要照顾他们的感受,因为对于部分高中生而言,父母的炫耀不代表鼓励,只会令人反感。王云就是这样的女孩,妈妈在舅舅一家人面前表扬自己,让她感觉"羞耻",内心是拒绝的!所以家长一定要关注孩子的个性,特别是一些低调内敛的孩子,你当众的夸奖可能会给他们带来不适。

"踩一捧一"式表扬

俗话说:"人比人,气死人。"我们的孩子不论是比别人强还是弱,都不喜欢作为被比较的对象。家长或许习惯用这种方式来激励或者表扬自己的孩子,但这并不是一个理智的方式,甚至会导致两种不良后果。一种是不利于孩子自尊心的建立。很多孩子的自尊心都是因为比较而逐渐提升的,案例中的"你比小美强多了"这样简单的比较和表扬容易将王云的自尊心变成虚荣心,孩子习惯这种比较后,如果比别人强,自然就开心,当比不过别人时就会沮丧,不利于其心理的健康发展。第二种是让孩子感觉不到父母的关注与关爱,觉得自己不过是父母炫耀的资本,甚至怀疑:"如果有一天我不如别人了,他们还会爱我吗?"案例中王云的妈妈把她和小美进行比较,通过贬低小美,吹捧自己的女儿,这种做法让王云感到不悦,王云觉得妈妈关注的不是自己,自己只是为她争光的工具人。

物质奖励的滥用

美国心理学家罗杰斯认为，给予爱和接受爱能够促进人格成长。我们不少家长喜欢用物质奖励来犒劳或表扬孩子，比如承诺中考达到一定名次买新手机、旅游等。一定的物质奖励是有必要的，但是缺乏精神奖励作为有益补充的物质奖励值得我们每个家长思考，这种奖励方式会不会最终演变为沉重的负担？会不会激起或助长孩子盲目的从众与攀比心理？王云的爸爸直接给了她一张银行卡，让她和朋友一起去澳洲研学，但显然王云更看重的是和爸爸妈妈一起去澳洲，更想要的是爸爸妈妈的陪伴之行，并非出国这件事本身，因此，一张银行卡显然不能达到她的预期。

小贴士

赏识教育

很多父母认为，奖励就是赏识教育，但并非如此。赏识教育是通过欣赏和赞扬受教育者的优点以帮助孩子成功的一种理念或方式，因此，也被称作"成功教育"。世界上最早应用赏识教育法培养孩子的是卡尔·威特。小威特幼小的时候，反应迟缓，动作呆板。他的父亲老威特坚信对一个人来说最重要的是适当的教育，而不是天赋。于是卡尔·威特以激励、表扬为主要手段对儿子实施早期教育，结果小威特5岁记住3万个单词，8岁学会六国语言，9岁考上大学，14、16岁分别获得哲学和法学博士学位。这种像对待天才一样爱儿童，并激励、期望、教育儿童的方法是世界上最早应用赏识教育理念的方法。当然，赏识教育不是单纯的表扬加鼓励，也包含批评。

指导建议

表扬是亲子之间一种真诚的爱的表达，只有内含真诚温馨的情感，发乎于情的表扬才能够成为孩子心灵深处成长的力量。所以，家长在表扬孩子时要讲究一定的方法和技巧，比如，在表扬时拒绝空洞且应付的话语、要根据孩子的年龄特征适时地给予表扬，以及注意精神奖励与物质奖励的结合。

表扬要具体、真诚

表扬切忌概括、糊弄，要具体到强调孩子在过程中的努力，而不单单强调结果。案例中王云的父母空洞的表达"真棒""不错"就违背了这一重要原则，王云的父母不妨这样说："这次成绩不错，看来你最近在功课上下了不少功夫。""这次总成绩很好，英语进步很大，妈妈要表扬你！可是数学应该是你的强项，下次可不能大意哦……"此外，表扬的方式多种多样，但大都以语言表扬为主。在家庭教育中，擅用非语言的表扬，还能起到语言表扬所起不到的作用，比如点头、微笑、拍肩膀、做手势等，效果往往会很好。因为这种表扬方式是亲子之间一种最直接的感情表达的方式。王云的父母也可以用非语言的表扬激励王云。

表扬要注意场合与方式

家长要根据时间和场合给予孩子合适的表扬，太过高调的处事风格不利于孩子的成长。王云的妈妈应该改掉爱炫耀的习惯，认真听取孩子内心的声音，在孩子提出不让自己当众被表扬的请求后，应予以重视，否则会影响亲子关系，影响自己在女儿心中的形象。与此同时，不做比较，表扬要对事不对人，要言之有据。王云的妈妈不应以嘲笑的口吻将自家的孩子和小美对比，应该用"每个人都有长处""进步退步很正常"

这样的理念来引导孩子，告诉孩子优秀的表现方式有很多种，不止体现在学习成绩上。

表扬以精神奖励为主、物质奖励为辅

卡尔·威特说："可以适当用钱来奖励孩子。"当孩子还比较小，对金钱没什么概念时，父母可以用亲吻、拥抱来奖励孩子。当孩子渐渐长大，拥抱、亲吻等奖励方式已经不适用于青春期的孩子了，父母可以适当用金钱奖励孩子，让他体会到有付出才会有回报。但是，这并不意味着家长给完钱就可以做甩手掌柜了，除了要指导孩子如何用好零花钱外，还要给予精神奖励，比如陪伴、聊天等。案例中王云的父母如果和孩子一起去旅行，是不是比直接给孩子一张银行卡更有意义呢？过分使用物质奖励不利于孩子成长，会让孩子产生一种考得好就是为了获得物质奖励的错误想法，未来也极容易将一切付出都与金钱建立联系，不利于孩子人生观、世界观、价值观的建立。所以真正的鼓励是让孩子看到事情本身的价值，家长可以通过一次考试的进步让孩子看到学习方法、学习习惯上的优势和不足，以后方能再接再厉。

如何正确"批评"犯了错误的孩子

　　金格生活在一个严父慈母的家庭，有什么心事都会跟妈妈讲，而不跟爸爸说，甚至有些排斥与爸爸讲话。或许是因为爸爸在派出所工作，做事风风火火，总爱吹胡子瞪眼。一回到家，不是说金格考得不够好，就是说她不够刻苦努力，父女之间交流不多，三句话便会吵嘴。按她的话来讲："我妈什么都听我的，即使犯了错，她也不凶我，不像我爸，对我凶巴巴的，真讨厌。"

　　最近，妈妈发现金格的心思不在学习上了，开始化妆、染指甲，甚至悄悄去烫了头发。她还和妈妈说最近找同桌辅导功课，每天放学后都要在教室多待一会儿再回家。妈妈有心询问，金格却不耐烦地说："呃，都说了是辅导功课！"妈妈又说："女孩子穿成这样很不好……""我同学都打扮的，我不耽误学习不就行了嘛！哎呀，老妈，你就别操心了，我多乖呀。"说着，就把妈妈推出了房门。妈妈虽然起了疑心，但害怕爸爸知道了会发怒，也没敢和金格的爸爸说，觉得只要不耽误学习就可以了。

好景不长，几天后爸爸便接到了金格班主任打来的电话，说金格现在每天和一群不三不四的社会青年混在一起，完全无心学习！爸爸知道事情的来龙去脉后，气不打一处来，暴怒之下动手打了金格，怒气冲冲地说："你看看你，自从上了高中以后，哪次成绩让我满意？上个学期，数学成绩一塌糊涂，物理才 61 分，你就混吧！"妈妈极力包庇，一只手搂着金格，一只手把爸爸推开，把错误都怪罪到自己身上。金格非但没有悔改之心，还冲着爸爸大吼："你每天就知道骂我！我朋友是学习不好，可他们不骂我，不打我，不嫌弃我，我和他们在一起有尊严，我愿意！"金格摔门而去，爸爸气得连连摇头，妈妈也不知所措。

案例解析

《家庭教育促进法》中要求"关心爱护与严格要求并重"。孩子平日犯了错误，家长在批评管教时往往走向两个极端：要么声色俱厉、动辄打骂，要么无限纵容、替其承担。可是这样的做法往往收效甚微，孩子无法从内心真正意识到自己的错误。

父母批评管教简单粗暴

首先，父母出现情绪化，易动怒。俗话说："冲动是魔鬼。"在怒火的冲击下，再冷静的人都容易失去理智，说出一些不经思考的话，或是做出一些不可理喻的事。家长也不例外。如果家长与孩子都处在高度的情绪化状态中，缺乏理性控制，那么会影响批评的公正性和说服力，从而使批评效果大打折扣。金格的爸爸在了解了事情的真相后，气愤到对金格动粗，但是金格并没有意识到自己的错误，爸爸的批评是无效的。

其次，翻旧账，转移重点。家长在批评孩子时往往会翻旧账，提到一些与孩子这次错误没有直接关联的事情，孩子会陷入无所适从的境地，批评的效果也会大打折扣，可能还会引起孩子的反感。金格的爸爸在批评她不认真学习时，还说起上学期没考好的事情，金格必然心生反感，感到不服。

父母无原则的包庇与纵容

在孩子犯了错误后，家长的态度至关重要，无条件的溺爱和纵容只会助长孩子的不良行为。今天大多数孩子都是家里的独宠，家长若见不得自己的孩子犯了错误后委屈难过，便需要为自己种下的苦果买单。金格妈妈对女儿比较宠溺，即使在知道女儿撒谎后，依然袒护女儿的过错，将错误归咎于自己，这就混淆了包容和纵容的界限。家长要知道，纵容和包容是两码事，差之毫厘，失之千里。

父母的教育分歧严重

古往今来，内部扯皮的教训不胜枚举，统一战线的重要性不言而喻，这一点同样也适用于家庭教育中。若父母双方在批评管教孩子的问题上经常出现不一致的情况，甚至出现在孩子面前争吵的局面，那么管教效果会降低。本案例中，金格的爸爸太过严苛，妈妈太过纵容，这种教育不一致会让金格在面对批评管教时产生迷茫，不知如何应对。

未唤起孩子的责任心和自我反省意识

教育家马卡连柯说："培养一种认真的责任心，是解决许多问题的教育手段。"批评孩子，目的是唤起孩子的责任心和对不良或错误行为的警觉，以防止此类问题再次发生。家长在批评管教时往往偏离了这一目标，以至于出现"孩子越管越不听话""训斥根本没用，他就是跟你对着干"等情况。究其根本，是因为没有唤起孩子内心的责任感和自我反省意识，没有通过让孩子自己品尝苦果来意识到自己的过错，这样，孩子就没有办法进行自我教育。事实上，高中生自我教育的时机已经成熟，金格父母的批评管教或严或松，都已经无法让金格真正意识到错误所在。

小贴士 ▼

自我教育

教育名言"没有自我教育就没有真正的教育"越来越得到大家的认可。教育是由自我教育和他人教育组成，而真正的教育是通过自我教育实现的。自我教育，即孩子以自己已经形成的思想品德为基础，提出一定的奋斗目标，监督自己去实现这些目标，并评价自己实践结果的教育，相当于自我批评。一个学生只有当他把老师和家长提出的要求变成自我要求，并为之付诸实践的时候，教育目的在他身上才能真正实现。相反，没有自我教育的教育，就会变成一种野蛮的灌输，甚至是一种精神的摧残，是一种反教育。

指导建议

人非圣贤，孰能无过，尤其对于心智还未成熟的高中生而言，犯错误很正常，家长在批评管教时要注意方式方法，不能因为自己望子成龙、望女成凤心切而情绪失控，也不能因为过度宠溺而丢了底线，家长要明白批评的目的是唤起孩子的责任感和反省意识，帮助孩子改正错误行为。

让批评多些耐心

首先，批评教育时，保持沉着冷静，注意批评语言。家长要调节好自己的情绪，增强调控情绪的能力。一是给自己积极的心理暗示，比如在批评孩子之前，深呼吸，在心中默数几个数，让自己冷静下来，认真思考孩子所犯错误的严重程度以及解决的方法；二是使用转移法，将情绪合理地发泄在其他事物上，如听歌、运动等。有人形象地把批评语言比喻成药片，没有糖衣的药片难以下咽，可如果加上一层甜甜的糖衣，效果就会完全不同。所以金格的爸爸不应动辄打骂，而是应该进行态度和蔼的说服教育，压制住怒火，平心静气地和金格交流，告诉她目前行为可能会导致的后果。

其次，批评内容重点清晰，就事论事。家长批评性的言语要具体清晰，紧扣事件本身，千万不能采取翻旧账的方式批评孩子，翻旧账式的批评只是罗列孩子的不良表现，批评言语具有高度相似性和重复性，达不到理想的教育效果。

不代孩子受过，不纵容孩子的过错

在批评孩子的时候，家长的确不应过于严厉而让孩子产生不愉快的情绪，但是请思考，如果语气或方式过于温和，又会产生怎样的后果呢？没错，就会像金格的妈妈一样，让孩子无法意识到问题的严重性。金格的妈妈在关键事件的批评教育上要恪守一定的原则和底线，必要时必须严肃对待，不能一味地祖护。

父母批评教育时应一致

家庭教育中应贯彻教育一致原则，爸爸妈妈之间的教育目的、教育方式，以及在关键事件上的看法等应尽可能一致，只有这样才能实现"1+1>2"的效果，更好地发挥教育合力。金格父母在管教孩子时，两极分化太严重，以至于孩子很迷茫。家长应该在批评管教前商量好各自的角色，统一战线，正确地向着错误发起攻击，使孩子真正意识到错误所在并积极改正。

通过人性化的惩罚唤起责任心和反省意识

教育学家夸美纽斯说过："犯了错误的人应该受到惩罚，但他们之所以受罚，并非因为他们犯的错，而是使他们不再犯。"所以，批评管教时可借助人性化的惩罚手段让孩子品尝苦果，以达到自省和自我教育的目的。比如金格的父母可以通过这个机会，"惩罚"金格在家里多做些力所能及的家务，以上方式看似"惩罚"，实际起到了教育的作用。

如何与孩子谈"钱"

  小丽生活在一个普通家庭，爸爸上学的时候家庭条件不好，吃了很多苦，于是决定尽可能满足孩子的一切要求！所以，小丽从小零花钱就比别的孩子多，也养成了花钱大手大脚的习惯。每次妈妈想要"提点"她，爸爸都会阻止："女儿也没花多少钱，现在买件衣服就得这么贵！""绝不能让咱们的孩子受困于经济！没事，我给！"

  升入高中不过两个月，妈妈发现小丽突然爱美了，桌面上多了一整套 SK II 护肤品和一支迪奥的唇膏，衣橱里添置了蔻驰的一条围巾和一个包包。这些可都是自己买起来都要犹豫许久的名牌啊！妈妈起了疑心，便悄悄跟小丽爸爸说："你说，咱女儿最近怎么突然有那么多钱买这些名牌啊？"爸爸安慰妈妈："没事没事，上周我多给了她2000的零花钱，估计拿这些钱买的！"妈妈想了想："不对啊，你才给她2000，可她的化妆品、包和围巾加起来……"还没等妈妈说完，爸爸就打断了她："你别神经过敏了，说不准是咱家小丽这些年自己攒的！"

又过了几天，爸爸妈妈发现小丽换了最新款的苹果手机，直到这时，平日里一直宠爱小丽的爸爸才警惕了起来，决定好好问个究竟。

一天傍晚，小丽放学回到卧室放好书包，面对父母的一再追问，她才哭着说出了实情。一次偶然的机会，她从手机上看到了贷款的宣传广告，纠结之余还是瞒着爸爸妈妈在网上贷了1万元，不曾想到掉入了"校园贷"的陷阱，几天就利滚利地滚出了一个"大窟窿"……

爸爸听后大发雷霆，怒吼道："难道平时给你的钱不够花吗？为什么还要去贷款？"

原来，上高中以后，小丽结识了新同桌赵洋洋，洋洋的父母共同经营公司，家里条件好却疏于管教。洋洋父母觉得亏欠女儿很多，就让洋洋把微信和支付宝绑了爸爸的卡，平日里不限制开销，也无暇与洋洋交谈。和洋洋朝夕相处的小丽把这一切都看在眼里，短短几十天里知道了很多不曾听说的品牌，在同桌的影响下，小丽把之前攒下的压岁钱连同爸爸给的零花钱都挥霍光了。上个月苹果手机新品发售，小丽在洋洋的"影响"下经不住新手机的诱惑，又不知道如何向疼爱自己的爸爸妈妈开口，这时"校园贷"的魔爪乘虚而入，抓住了未经世事的高中生小丽。

案例解析

同伴的影响、自身的判断力以及整体的社会风气和舆论导向都在孩子的成长过程中扮演了非常重要的角色。孩子的从众与攀比心理、不合理的消费习惯，再加上父母错误的教导方式，最终使孩子的错误一步步恶化，酿成苦果。这样的案例不在少数，是什么在作祟呢？

父母的溺爱与疏忽

现在的生活条件不同于过去，从小不为吃穿发愁的孩子开始追求名牌的衣服、书包和电子产品。案例中，小丽的爸爸在自身成长过程中经济并不富裕，他希望自己的女儿不用在金钱上犯愁，能过上自己期望的生活。这样的出发点虽是善意且饱含着父爱，但结局却让孩子变得贪婪且不知珍惜，更不知父母赚钱的不易。

小丽的贷款行为本可以避免，当父母发现她换了新的化妆品、名牌围巾、背包后，就应敏感地意识到这与一个高中生的经济实力极不匹配，这一点上，小丽的父亲过于疏忽大意，直到小丽换了手机才意识到事态的严重，如果及早发现并进行引导，女儿便不会深陷校园贷。不少高中生缺乏辨别能力，容易受到周围人的影响，常常会因"人有我无"而感到自卑，转而埋怨父母不能满足自己的消费需求。如果家长不能对孩子的这一变化做出及时的引导，结局将不可收拾，轻则子女心生不平衡感，影响学业；重则像小丽一样，给了不法贷款可乘之机。

学生不良的消费习惯

有不少家长考虑到孩子上了高中，有一定的金钱支配能力，便给孩子更多的生活费和零用钱，但是并未指导孩子如何"理财"、如何"消费"。此外，媒体上充斥着大量有关吃喝玩乐的信息，还有近两年非常火的直播带货，这些都在极力诱惑着青少年去消费，如果他们没有得到正确的指导，便会养成不良的消费习惯。

英国教育家洛克在《教育漫话》中说："不同年龄的人有不同的理解和爱好，因而有不同的欲望，这并没有什么错。错误之处是不能使这些欲望受制于理性的规则和约束，这里的区别不在于有没有欲望，而在于能不能控制和克制自己的欲望。"案例中的小丽拿着爸爸给的零花钱连同积攒多年的压岁钱购买衣服和包包，显然是不理性的消费，与小丽学生的身份并不匹配。此外，不少孩子被"花明日的钱圆今日的梦"这种超前消费的观念洗脑，嫌弃父母思想观念老套，可是他们忽略了一个重要的事实，自己是否有承担自己消费能力的经济基础和经济实力。小丽为了买和同桌一样的苹果手机，陷入高利贷的泥潭，并没有意识到不正当贷款的危害及其背后社会的险恶。

指导建议

在孩子出现错误后，家长的态度非常重要。首先要站在孩子的立场上，将心比心地对孩子的行为表示理解，然后给予正向引导，比如加强孩子金钱观与消费观方面的教育。当然，批评是有必要的，但是也要讲究方式方法。

警惕孩子的攀比与虚荣心理，并给予适时指导

随着生活质量的提高，金钱和物质的熏染范围正在逐渐扩大，高中生受到影响在所难免。又因为孩子们的家庭背景和条件不同，消费水平有差异，便容易产生攀比与虚荣的心理。作为家长，要关注孩子所处的环境，给予及时的指导。爸爸能够理解小丽大了讲究打扮，这一点值得肯定，但是在发现女儿的虚荣和攀比后，父母应及时抓住这次宝贵的教育时机，让小丽明白虚荣心不可取，要在学习上进取，而不是在物质上

攀比。

帮助孩子树立正确的金钱观和消费观

在发达国家，教育的重点除了智商和情商外，还包括财商，即教给孩子认识和驾驭金钱的能力。而在我国，财商的教育相对匮乏，所以父母需要填补这块空白。首先，家长可以适度地给孩子零用钱，但要引导孩子合理使用。小丽的爸爸为了让女儿更有自信，多给了她一些零花钱，但是并没有及时嘱咐小丽要正确使用，因此需要好好反思。其次，家长要引导孩子合理消费。父母要让小丽知道奢侈品等名牌需要通过自己的努力才能得到，在自己没有偿还能力的情况下，不可以超前消费，要学会控制自己的欲望。

关注孩子成长，帮助孩子认识社会

不少孩子做错事、走错路并非一念之差，家长要练就一双"慧眼"，从交谈、行为举止中及时发现孩子的变化，及早纠正孩子错误的认识，防患于未然。与此同时，孩子到了高中阶段，对于社会现象已经有了自己的判断，家长要帮助孩子全面认识社会，比如一起分析社会问题，了解现实生活中的善与恶，特别是提高对社会不良风气和不良诱惑的认识，增强抵御能力。

3

学业压力篇

如何和孩子谈高考

案例描述

　　陈亮是一名高二的学生，还有一年就高考了。老师告诉他们："人生如同一场马拉松，高考只是其中的一个小关卡，后面还会经历更多风雨。"可是每次回到家里，爸爸妈妈总是对他说："高考是人生中最重要的考试，只要高考考了好成绩，人生就成功一大半了，一旦考砸，就会面临无穷无尽的麻烦，找不到好工作、赚不到钱，日子很难过的……"每次和爸爸妈妈聊天，他都会感到焦虑，难道老师说的话只是为了"宽慰"自己吗？到底谁说的才是对的呢？哪一种观点才是高考的真谛呢？陈亮感到很疑惑，于是去求助他的偶像，他们家唯一的大学生——他的叔叔。

叔叔并没有直接给陈亮答案，而是回忆起了他的高中时代。叔叔2007年参加高考，全班共48人赴考，有人超常发挥，有人正常发挥，也有人考场失意，各种情况都有发生，但所幸全班同学都考上了大学，大部分都是理工科专业方向，也基本都留在了上海，只是学校有所差异。叔叔长舒一口气，给陈亮讲了其中4位同学的故事。

第一位同学是他们当年的班长，高考成绩比较理想，如愿以偿地考上了华东师范大学。大学一毕业就顺利考取了教师编，成为了一名英语教师。因为学历背景较好，自身学得扎实，也热爱英语专业，所以英语教师的工作干得很出色。论工资水平，在上海不算大富大贵，却也还算稳定。

第二位同学就没这么顺利了，因为高考语文发挥失常，本应考取重点大学的他被一所二本院校的计算机专业录取，但他本科期间努力学习，为升学考研做准备，拿到了中科院的保研资格，研究生毕业后成为了一名工程师。

第三位同学算是正常发挥，考取了华东理工大学，之后硕博连读，毕业后成为了一名大学老师。

最让人遗憾的就是第四位同学，他高考成绩是班上的前几名，一步跨入了名校。本以为到了大学阶段会继续努力的他开始放纵自己，迷上了电子游戏，自甘堕落，从大一就开始挂科，成绩越来越差，甚至违反校规校纪。学校找父母谈话，甚至到了"劝退"的地步。后来他和高中同学断了联系，现状不得而知。

讲完这些故事，叔叔问陈亮："所以，高考重要吗？"陈亮笑了。叔叔继续说道："高考重要，真的很重要。高考是改变自己命运最有效的方式，尽全力能考多高就考多高。考得好，可选择的学校就越好，未来的道路会越宽，能选择的机会就越多，能接触的世界也越大。但是如果高考没考好，也没关系，别灰心丧气，因为高考只是漫长人生道路上的一个关键点，高考结束以后还有很长的路要走，这一路都需要不断努力，高考没有考好，那就在后面的道路上更加努力，也可以改变命运，不是吗？

案例解析

亲爱的家长，您是否常常陷入这样的困惑：如何与孩子谈高考呢？说它重要，担心孩子会因焦虑而发挥不出真实水平；说它不重要，又担心孩子会因懈怠而不能进入理想的大学。现在就让我们一起从案例中获得一些启发吧！

家长对高考要有正确认知

高考究竟是为了什么？很多家长自身对这一问题的认识就存在偏颇。案例中陈亮的父母常常在陈亮面前"渲染"高考之于人生的意义，生怕孩子不够重视，这无疑会使陈亮感到焦虑、不安甚至畏惧。相比之下，他的叔叔对高考的认识更加客观，目光也更加长远，经叔叔的一番疏导后，陈亮的焦虑减轻了。这说明家长的情绪会通过话语传递给孩子，你想让他心态平和，首先自己不能焦虑，你嫌孩子不够重视，自己要先打起精神，你想让孩子正确看待高考，首先自己要对高考树立正确的认识。陈亮的父母一方面想让孩子沉着应考，另一方面自己又十分焦虑，这种焦虑传递给陈亮，对他的学习产生了极其不利的影响。

家长要因材施教

不止是老师要因材施教,这一原则同样适用于家长。有的学生比较懒散,行为上比较懈怠,不能理解高考的意义;有的学生一进入高中阶段,对于高考的重要性就已经有了相当清楚的认知。对于截然不同的学生,引导方式也不尽相同。包括陈亮父母在内的很多家长并不能结合孩子的实际情况进行教育,对于已经"高度紧张"的孩子依然止不住地"施压",无休止地重申高考的意义,这很容易让孩子的紧张变成焦虑,阻碍考试发挥,甚至不利于心理健康。相比之下,陈亮的叔叔就较为开明,他与小侄子的交谈就很符合陈亮本人的需求,因此才从根本上解决了陈亮的困境。

▼
小贴士

马斯洛需要层次理论

马斯洛提出,人有五个层次的需求:生理需求、安全需求、归属与爱的需求、尊重需求和自我实现的需求。其中,自我实现是最高层次的需要,它是指实现个人理想、抱负,最大程度发挥个人能力,完成与自己能力相称的一切事情的需要。

指导建议

家长自身应树立对高考的正确认识

"如何与孩子谈高考"这一问题本质上是家长如何认识高考,如何用自己成熟、正确的认识影响孩子。作为家长,首先要有长远的目光,正确认识高考在人生中的价值，要看到高考只是人生的一个重要经历，决定孩子未来的并非是一纸成绩，良好的心态、性格以及坚强的意志同样是影响一个人成功的重要因素；其次要站在一定的高度解读高考，它的意义不局限于成绩，还有孩子在应对考试过程中培养的学习习惯、自我管理和调节能力、磨炼出的坚强意志等。家长只有全面认识高考，才能走出焦虑，并把良好的心态传递给孩子。

借助榜样的力量帮助孩子认识高考

只讲大道理往往不能说服孩子，陈亮的叔叔之所以有效缓解了陈亮的焦虑，让陈亮露出"会心的微笑"，是因为他借用了身边的例子使得道理更具说服力。高考的成败与未来人生之间的关系，很多人都用自己的人生做出了诠释。华为"天才少年"张霁、阿里巴巴创始人马云、新东方创始人俞敏洪、百度创始人李彦宏……这些知名人士有的高考成功，有的高考失利，有的屡败屡战，但最终都在自己的领域里取得了成就。家长借用这些事例教育孩子，一方面，可以向孩子证明高考的确不能决定整个人生，以此为他们减压；另一方面，还能让孩子通过榜样的故事领悟到，不论高考这一步迈得如何，未来仍需要不断地努力，这也在很大程度上防止进入大学后懈怠问题的出现。

如何帮助孩子在考前减压

俗话说：皇上不急太监急。王悦刚上高三不久，面对即将到来的高考，王悦的妈妈比女儿还着急，每个月都和班主任联系，询问王悦在学校的表现，回家还对女儿进行教育。

王悦一放学回家，妈妈就开始数落她的不足之处，还将王悦的成绩和其他同学的成绩进行比较，说以王悦目前的成绩，只能考一个二本院校，比起哥哥姐姐差得远了。妈妈还经常在孩子面前发出感慨："怎么别人考重点大学这么轻松，自己的孩子就那么难呢？"妈妈的"关心和督促"让王悦感觉很烦躁。有一天她忍无可忍，和妈妈吵起来："你就不能不去找老师吗？只有你隔三差五去联系老师，每天监视我学习，你是特务吗？你那么喜欢哥哥姐姐，让他们做你的孩子好了！反正我怎么学都考不过哥哥姐姐，我就是学渣，我不学了！"

听了孩子的话，妈妈又急又气，心想自己辛勤的付出还不是为了女儿能考一个好学校，以后有一份好工作，可是女儿非但不领情，反而跟自己叫板。为此，妈妈和女儿开始了冷战，家里的气氛降至冰点。王悦每天一回家就把自己关在房间里，不和爸爸妈妈交流，对待作业的态度也十分敷衍。她觉得自己怎么学都赶不上哥哥姐姐，还不如放弃努力，做一条"咸鱼"。

在接下来的备考中，王悦消极对待，不愿意主动学习。遇到不会的题目也不愿意问老师和同学，因为她害怕题目太简单会引起她们的嘲笑。结果可想而知，她的成绩一落千丈。王悦因此陷入了自我否定，感觉没有人能懂她的痛苦，原本活泼的她变得沉默寡言，日渐消瘦。妈妈非常焦急，为了孩子放弃一切家庭娱乐活动，跟女儿说话的语气也变得小心翼翼，但女儿的状态却丝毫没有好转。为此，她很苦恼，不知道接下来该怎么办。

案例解析

各位家长，你们是不是也遇到过类似的情况呢？你们的"关心"是否也成为了孩子的负担呢？其实，高中生焦虑的原因有很多，有来自自身的，也有来自外部的。

家庭的压力

有的家长在孩子考试前，停止一切家庭娱乐活动，甚至一年不开电视机或看"无声电视"。事实上，家长过分的关爱会在无形中给孩子带来极大的心理压力，让孩子过分关注考试结果，进而产生考试焦虑。有的家长忽略了孩子的真实水平，对孩子抱有不切实际的期望，使孩子因自己未能达到家长的要求而深感自责。

学校的压力

部分高中有着浓郁的考试氛围，有些教师采用不当的价值取向和教育方式，使得自我意识处于不断增强阶段的高中生逐渐形成了对考试的厌恶、紧张和焦虑。

社会的压力

高考作为人生重要的转折点，与以后的升学、就业密切相关。每年高考前后，新闻媒体的宣传与强调，会加大考生的精神压力，使考生畏惧考试，感到"一考定终身"。

孩子自身的压力

很多高中生的耐挫折能力较差，稍受挫折就会产生消极情绪。有些学生不能正确对待考试失利，不能正确分析考试失败的原因，一旦考试成绩不理想，就极易形成消极的心理暗示，显得更加紧张。特别是对于自己不擅长的科目，注意力不自觉地集中在考试的难点上，这样就会产生一种挫败感。明明大部分基础题能够得分，但还是把时间放在难题上纠结不定，这种行为无疑是"捡了芝麻丢了西瓜"。

有的高中生"不到考试前一刻永远复习不完"，这实际上是绝大多数有考试焦虑的学生共有的特征，他们会因为不能掌握所有知识而焦虑，影响考试的发挥。有的学生受成长经历或以往失败经验的影响，自我评价过低，认为自己什么都干不好，缺乏必胜的信心。相反，有的学生盲目自信，对自己的实力缺乏清醒的认识，上课不好好听课，作业也只是敷衍应付，考场上一旦真遇到有难度的题目，就会"现出原形"，唉声叹气，一蹶不振，最终导致成绩不理想。

小贴士

动机和学习成绩

心理学家耶克斯和多德森的研究表明，动机不足或过分强烈，都会使学习效率下降，动机的最佳水平随任务性质的不同而不同。在比较简单的学习任务中，学习效率随动机的提高而上升，动机越强效率越高。但是，随着任务难度的增加，动机的最佳水平有逐渐下降的趋势，这意味着，当学生在完成高难度的学习任务时，较低的动机水平反而更有利于任务的完成。也就是说并非任何时候，都是动机越强学习效率越高，还要考虑学习任务的难易程度。

指导建议

每个学生都希望考试时能发挥出自己的最佳水平，因此，考前出现紧张情绪在所难免。那么作为家长，如何有效地帮助孩子缓解压力呢？这里送给家长一些建议。

正确设定目标，适当降低期望

很多家长对孩子抱有的期望过高，超出了孩子的能力范围，给孩子造成了很大的心理负担。孩子在重负之下，患得患失，考场上不易发挥正常水平。父母过高的期望是导致孩子考试失利的重要原因。面临高考，家长对孩子的殷切希望，不要赤裸裸地表现为盼望孩子考上重点大学，也不要在孩子面前流露出对名牌大学的渴望。到了高考冲刺阶段，孩子对知识的掌握情况基本已成定局，短时间内不可能有质的飞跃。这时，家长不妨降低对孩子的期望，让孩子的压力小一点，轻装上阵，才有利于孩子在考场上取得好成绩。

家长必须面对这样的事实：天上只有一个太阳，地上只有一座珠峰。群星虽然没有太阳耀眼，但同样熠熠生辉；群山虽然没有珠峰高大，但同样挺拔向上。当我们以平常心对待孩子时，会发现孩子身上有很多闪光点，会给予孩子更多肯定的评价，会给孩子注入更多的自信。

不要过度关注考试

孩子考前复习，紧张是自然的。这种情况下，家长过度关注高考的紧张情绪必然会传染给孩子，让孩子更加紧张，反而容易考砸。另外，有些家长考前一反常态故作轻松，也会让孩子更紧张，更有压力。家长需要坚持的原则是：对孩子的高考，既不要过于紧张，也不要故作轻松，给孩子营造一个平常的学习环境和家庭氛围。尽人事，听天命，面对高考，泰然处之，家长这样的心态会感染孩子。孩子在考场上多一分泰然，就多一分胜算。

不要唠叨过多，要学会倾听

家长的唠叨一般分两种：一种唠叨反映了家长的攀比心理，一种唠叨反映了家长的焦虑心态。不管是哪种唠叨，其结果都是增加孩子的心理压力，让孩子感到不被信任，甚至会对家长产生反感和厌恶。家长要学会管住自己的嘴，即便是想表达关心，也要看时机。有些必要的嘱咐，最好"说一不二"，说了一遍之后，不重复第二遍。

考前和孩子相处时，家长不妨变唠叨为倾听，抽空带孩子散散步，聊聊天，听孩子说说最近的困难或压力，有时孩子不一定是要你帮他解决问题，而是宣泄情绪。家长要做的是贡献一下耳朵，当个好听众，理解孩子的处境。

如何对待孩子的偏科问题

　　李然的期末考试成绩单发下来了，爸爸看过之后，眉头紧皱。李然的语文成绩非常出色，其他成绩中上等，数学成绩却极不理想。

　　面对偏科如此严重的女儿，爸爸一时之间也想不出什么好的方法，只能不停地告诫女儿："如果高考还是这样偏科，就考不上重点大学了。对于薄弱的科目，是不是没有天赋？没有天赋更要多努力，笨鸟先飞啊！"

　　听了爸爸的话，李然非常无助，还是不知道要怎么做才能提高薄弱科目的成绩。并且，爸爸的话语仿佛是一个咒语，让她对这些学科产生畏惧心理，再也提不起兴趣。不仅如此，李然心里对爸爸也颇有微词，觉得自己的笨是遗传了爸爸，都是爸爸的错。

案例解析

学生常常因为各种原因而陷入偏科的困局，常常因为一门不擅长的科目而使得总成绩一落千丈。案例中李然的故事里有很多家庭的影子。

焦躁不能解决问题

在案例中，李然一度为自己不擅长的数学而苦恼，父亲看到女儿数学成绩一直没有起色，感到非常的焦虑，甚至说出伤害女儿的话。父亲的焦虑无疑给原本就苦恼的李然加上了更沉重的负担。如此恶性循环下，李然开始怀疑自己的天赋，甚至寻找"遗传"这种客观原因。显然，家长的焦虑非但不能解决偏科问题，还会让偏科问题变成对天赋的怀疑，挫伤孩子的自尊心。

一味地责备对孩子成长极为不利

每个人都有自己擅长和薄弱的板块，孩子偏科的原因有很多，不单单是其先天的能力。但是，李然的父亲显然没有认真分析女儿偏科的原因，而是一味地责备。事实上，对偏科的孩子而言，提升学科学习的信心尤为重要，一味地责备是不正确的。偏科有假性、真性之分，前者指偶尔出现波动，后者则指总是无法达到预期的效果。根据案例中呈现的信息看，李然属于真性偏科，这种情形下，一味地指责只会让学生彻底丧失努力的意愿，对他们的成长极为不利。

用结果否定努力会挫伤孩子的信心

孩子对短板学科的态度不一，有的直接放弃，有的极力弥补，也有的兴趣不足但仍保持着基本的学习状态。从案例中看，李然并没有直接放弃，虽然偏科让她感到困扰难过，但她还是很愿意学好数学的。然而，父亲仅通过成绩否定了李然的努力，给她贴上"笨"的标签，抹杀了她学习的积极性。其实，很多偏科的孩子可以靠后天正确的方法和积极的态度，加之不懈的努力来弥补先天的短板。换个角度思考，他们有巨大的潜力，但前提是，他们要对自己有信心，只有这样才能把薄弱的环节补上，杀出重围，成为黑马。

指导建议

高中课程的难度陡然加大，很多孩子都有偏科的问题。那么，面对偏科的孩子，家长到底应该怎么做才能帮助他们呢？

多观察刚上高中的孩子，主动与任课老师沟通

刚上高中时，孩子大多还处在兴趣大于理性分析的阶段。对于新增科目存在的问题，他们不会学着去总结、处理，长此以往，问题越积越多，偏科就产生了。因此，这段时间，家长一定要多注意观察孩子。如果发现孩子有学科作业做得较慢、错误较多等情况时，可能就是暂时性偏科了。在此阶段，家长要注意多和老师沟通，向孩子弱势学科的任课老师了解孩子的课堂表现，一起商讨提升孩子成绩的办法，防止出现实质性偏科。

要与孩子多沟通，改善孩子的偏科问题

家长需要静下心来，和孩子一起分析偏科的原因，然后采取针对性的对策。如果是孩子的认知问题，可以根据高考分值，让孩子分析弱势学科对升学的不良影响，让他意识到只有克服了偏科问题，才能升入理想的大学。

如果是兴趣不够，应多给孩子讲讲该学科的人文趣事、现实生活中的应用案例，抑或是成功者的探索精神、应用成果等，引导孩子发现该学科的知识乐趣。例如，孩子不喜欢物理，家长可以帮助孩子找到生活中物理知识的具体运用，或是给孩子买一些有关趣味物理的书籍，引导孩子喜欢学习物理。

如果是因为学习方法不当导致学科成绩无法提高，那么家长可以给孩子耐心分析这一学科的学习规律，让孩子掌握正确的学习方法，从而达到事半功倍的学习效果。例如，孩子的历史成绩不好，因为历史的知识点又多又碎，对此，家长可以教导孩子学会利用历史时间或事件把相关知识点串起来，方便记忆。

家长应及时鼓励和强化孩子的进步

当孩子某一学科的成绩下降时，他们心里也会非常着急，而且慢慢地会对弱势学科丧失信心。这时，孩子会变得暴躁。如果家长不能给予理解，反而斥责孩子"学习成绩不怎么样，脾气倒挺大"，不但对孩子的学习毫无帮助，还会引起孩子的反感。就算是大人犯了错，受到别人的挖苦和训斥，也很难虚心接受并改正错误，更何况是正处于青春叛逆期的孩子。

高中生出现偏科情况并不可怕，可怕的是家长用一种错误的态度去对待。这样的话，就很容易让孩子走向极端，对自己的弱势学科彻底失去兴趣，任由偏科的情况持续下去。事实上，当孩子出现偏科时，最需要的就是家长的支持和鼓励，帮助孩子重新建立学习的信心。家长可以多给予积极的赞赏，让孩子逐渐拾起对弱势学科的兴趣。

如何在考试结束后和孩子一起做总结

案例描述

方航已经进入高中大半年了，可是，每次考试过后，她还是不知道如何总结。每每这时，她就会想起以前上学时的场景。上小学时，爸爸妈妈以打骂威胁为主，如果没考出好成绩，就体罚或者不允许自己看动画片。

进入初中后，爸爸妈妈发现孩子有了反抗心理，不再畏惧家长权威，打骂已经没有作用了。于是爸爸妈妈就和方航一起做表格，达成如下协议：每认真学习 3 小时，就在表格上打一个钩。一周下来，统计有几个钩就奖励几百块钱。为了得到零花钱，方航认真学习。可没过一学期，方航就开始懈怠，第二学期学习就不那么投入，打钩也不那么有激情了。

进入高中以后，爸爸妈妈发现，无论是惩罚还是奖励似乎对方航都没有太大影响。孩子拒绝沟通交流，他们不知道孩子内心真正的想法。从前总是将考试成绩和物质奖励或惩罚联系在一起，考试结束以后，爸爸妈妈要么加大奖励力度，欢天喜地；要么愁眉苦脸，把她批得一无是处。方航也不知道自己为什么考好、为什么考不好，一家人都感觉像在"抽盲盒"。那考试结束以后，到底应该如何对待孩子的考试成绩，怎么和孩子一起总结考试？方航的爸爸妈妈陷入了沉思。

案例解析

考试结束后，不少家长都只是简单地"奖励"或"惩罚"，但这并不能达到"总结"的效果。正如案例中方航的父母，他们似乎很关注方航的成绩，但显然并没有达到促进学习的效果。他们错在哪里了呢？

奖励和惩罚代替总结

让孩子总结成功的经验或是失败的教训才是考试应有之义。在上述案例中，方航的父母用奖励或惩罚帮助孩子提高成绩。不断的批评无法激励孩子的学习动机，只有适当的表扬才能激励学生不断努力以取得优异的成绩。通常情况下，表扬的激励作用大于批评，但并不意味着可以滥用表扬和奖励。滥用奖励不但不能促进学习，反而会破坏孩子的学习动机，孩子为了得到奖励而学习，一旦达到了目的，学习动机便会下降。此外，为了达到目标，他们往往会采取避免失败的做法，或是选择没有挑战性的任务。

忽视学习态度的总结

学习态度关乎情绪，关乎孩子的学习动机。有的孩子学习是为了得到外在赞扬、物质奖励或好的名次，这些外在的好处引发了他的外部动机；有的孩子学习是为了掌握知识，提高做题的正确率，学习本身带来的内部结果引起他学习的内部动机。方航的父母显然没有思考过孩子过去究竟是为什么"爱学习"，是为了什么而学习。当孩子进行愉快的学习活动时，给他提供外在奖励反而会减少这项活动对它的内部吸引力。孩子通过完成学习任务获得的愉悦感和成就感，这才是最可贵的，只有因内驱力而学习，孩子才能有端正的态度。

忽视学习方法的总结

考试之后的总结是拉开成绩差距的一个重要影响因素。总结是对知识点的二次加工过程，属于元认知策略中的一部分，有助于孩子进行深度学习，彻彻底底地掌握知识点。而方航的父母只关注其学习成绩，并没有注意孩子的学习方法是否正确。

▼
小贴士

自我调节学习

自我调节学习是指学习者主动激励自己并积极使用适当学习策略的学习。它不仅可以被看作是一种动态的学习过程（或活动），也可以被视为是一种相对稳定的学习能力。自我调节学习是一种主动的、建构性的学习过程，在这个过程中，学生首先为自己确定学习目标，然后监控、调节、控制自己的行为。

指导建议

考试结束以后，家长和孩子可以一起做归因分析。如果有进步，分析进步的原因，将促进进步的行为列出来常规化；如果退步了，要和孩子一起分析近期没做好的地方，共同努力攻克这些不足，争取以后不再犯类似的错误，帮助孩子不断成长。

帮助孩子调整心态

在一段时间的学习之后，孩子需要考试来证明自己、挑战自己，同时借此来反省自己、认识自己。虽然孩子在上课之前特意预习了，在上课时认真听讲了，在自习时间也仔细复习了，但是如果没有考试，那么孩子无法确定自己对这段时间所学的知识点的掌握情况。

此外，只有孩子的考试结果反映出他的薄弱点之后，家长和孩子才可以有针对性地安排学习计划，找准未来学习的方向。如果孩子的薄弱点未被发现，那么这些劣势就会像不定时炸弹一样，对孩子的成绩构成危险。

因此，家长应当帮助孩子调整心态，以积极态度面对考试中反映的不足。毕竟，从考试中查漏补缺才是重中之重。

重视每次考试之后老师的总结

每次考试之后，老师都会对试卷有一个详细的分析，同时也会对孩子这一时段的学习情况进行点评，这些都是需要孩子去认真聆听的。对于孩子来说，他们不仅需要知道自己对知识的掌握程度，同时也需要明白，以自己现在的水平，能否考入理想的大学。

不过，家长应当建议孩子在老师对试卷进行分析之前自己进行一次分析，然后在老师分析的时候，就可以将自己的分析结果与老师的分析结果进行比较。这样不仅可以增强孩子对这份试卷的记忆程度，同时还可以让孩子充分学习老师的分析方法，更有利于今后的学习。

引导孩子自己做好总结

自我调节学习对孩子的学业与发展起着关键的作用，孩子才是学习真正的主人，他们要为自己的学习成果负责。因此，家长和老师总结得再好都只是辅助，最终需要孩子自己对每一门课的学习方法、知识掌握情况以及近期的学习状态作出总结和调整。

如何帮助孩子应对成绩波动引发的焦虑

　　小江出身于军人家庭，爸爸是现役军官，屡立战功，性格耿直，原则性强，对孩子的要求十分严格；妈妈是司法警官，性格温柔，在爸爸面前处于弱势。虽然事务繁忙，但小江的爸爸对小江的学习非常关心，从小就为他安排好了发展道路，只要按部就班，小江未来一定前途无量。在爸爸的"高压"管理下，小江为人处世谨小慎微，非常内向，但他的成绩一直都很不错，顺利考上了市级重点高中。进入高中后，小江明显感觉学习压力增加，为了不让父母失望，他加倍努力，希望能实现他们的期望。

　　高二下学期，小江的学校与美国的伙伴学校推出了一个为期两个月的交换生项目，小江的爸爸很希望儿子借此机会开阔眼界，在没有问过儿子意见的情况下直接为他报了名。但其实小江不太愿意参加，因为当前的学习已经让他感到有点困难，他担心出国两个月回来后成绩会受影响。他想找爸爸聊一聊，不过想到爸爸的严苛就打消了念头，暗暗下定决心在学习上下苦功夫。从美国回来后不久小江就要升入高三了，他一整个暑假都在夜以继日地学习，希望能把落下的功课尽快补上。然而高三第一次月考成绩出来后，犹如晴天霹雳，他的成绩一落千丈！拿着手中的成绩单，小江对自己产生了深深地怀疑，并且惴惴不安，不知道要怎样面对父亲。果不其然，小江的爸爸在知道小江的成绩之后勃然大怒，直接把成绩单甩在小江脸上："你怎么回事，去了趟美国不知道东西南北了？考成这样还有脸拿给我看？"小江被爸爸的怒火吓得不知所措，想辩驳却不敢说出口，只静静等待爸爸怒火平息，保证道："我以后一定努力学习，不会再出现这样的情况了。"

　　这之后，小江几乎把自己埋进了书堆和卷子里，每天疯狂做题，生怕下次考试成绩依旧不理想。看着儿子熬出的黑眼圈，小江的妈妈很是心疼，对小江的爸爸说："儿子这样学下去我怕他身体吃不消啊。"小江的爸爸却很不以为然，说："哪有这么娇气，学习刻苦是应该的。何况这点苦算什么，军营里才叫苦呢！"

　　很快，期中考试开始了。坐在考场上的小江既紧张又害怕，他前一晚复习到凌晨 1 点，却发现现在自己脑袋里一片空白，状态十分糟糕。期中考试成绩出来后，小江简直崩溃了，他不明白为什么自己这么努力，这么刻苦，成绩却还是没有起色，一想到即将面对爸爸的怒火与斥责，这个内向的大男孩终于忍不住趴在课桌上哭了起来。

案例解析

亲爱的家长，面对孩子偶尔的成绩波动，您会感到非常焦虑吗？您是选择平心静气地与孩子交流沟通分析原因，还是选择斥责孩子学习不够努力呢？其实我们应该认识到随着学习难度与强度的加大，高中阶段孩子偶尔的成绩起伏是正常现象，家长应当以平常心对待，并及时缓解孩子的焦虑情绪。高中生成绩起伏的原因主要有：

沿用过去的学习方法不知变通

有的同学初中学习成绩很好，于是到了高中继续沿用初中的学习方法，比如大量刷题、死记硬背。每天学到深夜，但效果不佳，主要原因是没有夯实基础。衡量学习效果不是以学习时间的长短为标准，有时精做一题胜过泛做十题，读透一个知识点胜过粗翻一本书。上述案例中的小江从美国回来后便开始恶补学习，在期中考试前也试图用题海战术提高成绩，但效果都不好，其原因在于没有掌握正确的学习方法。

不能跟上老师的教学节奏

在高中学习中，不乏喜欢"独立搞自己学习计划"的孩子，个别天赋好的孩子或许可以成功，但多数还是会步入歧路。小江因为父亲的安排中途前往美国参与交换生项目，所以在学习进度上没能紧跟老师的步伐，导致高三第一次月考成绩出现严重下滑。

没有养成自我调节心态的习惯

学会自我调节，可以使自己焕发巨大潜能，每时每刻都处于良好的学习状态中。案例中小江的爸爸作为一名军官，将职业习惯带到了家庭中，对待孩子像是对待下属，小江的成长环境充满了命令式的要求与严厉的批评，导致小江养成了谨小慎微又内向的性格，不会适时地调整自己的心态。

指导建议

到了高中阶段，孩子面对与日俱增的学业压力会出现紧张、不安等情绪，从而影响学习状态和考试成绩。不少家长见此情形，如同热锅上的蚂蚁，甚至比孩子还焦虑。孩子看到我们如此焦急的模样，会更加紧张。所以，要想让孩子轻松考出好成绩，不如先反思反思我们自己。

尊重孩子的意见和态度

中国式家长向来习惯包办孩子的一切，尤其是在孩子的工作和学习这种重要的大事上，绝对是"说一不二"。但是处在高中阶段的孩子成人意识愈来愈强，他们有了自己的想法和计划。作为家长的我们，应该多去听一听孩子内心的声音和想法，在为儿子报名去美国交流这件事上，小江爸爸不能只从自己为儿子好的角度考虑，应该平心静气地和儿子沟通，了解他的真实想法。

适当放手，放平心态

几乎每个家长都知道高考对于孩子的重要性，所以在孩子进入高中之后，对他们学习方面的关心比初中阶段多了。但是过分关心会增加孩子的心理压力，从而影响学习效率和状态。所以家长要以一颗平常心看待孩子学习成绩的浮动，再通过这一言行把积极的心态传递给孩子。小江爸爸拿到成绩单，看到儿子成绩下降后，应该保持冷静，先安慰受挫的儿子，再鼓励儿子放宽心，一起做好考试总结。

多些耐心，少些责骂

有些家长总抱怨孩子不和自己沟通，可是各位家长可曾反思过自己：是不是自己太过严厉？面对孩子的失败，是否厉声斥责？案例中小江的爸爸太过严苛，以至于小江一想起爸爸就害怕。因此，小江的爸爸要意识到家庭不是军营，儿子不是士兵，培养孩子坚毅的性格和吃苦的精神没有错，但是孩子不是铁打的，他们也有柔软的一面，也会因为一次没考好而大哭。小江爸爸不妨改一改自己的坏脾气，对孩子多一点耐心和鼓励。

4

亲密关系篇

如何与孩子谈异性交往

案例描述

　　小红今年高二了，和以前相比，最近的小红有了很多小变化。以前妈妈给小红买衣服，小红总是拒绝，说自己有校服就够了。可最近小红不仅主动提出要去逛街买新衣服，而且每次和同学出去玩之前都要打扮一番。以前说起班里男生总是满口嫌弃的小红，最近态度有了一个一百八十度的大转弯，不仅不再数落男生的不是，还会特别点名表扬某些男生。比如，陈威就是小红最近常常夸奖的男生。这些小小的变化看在爸爸妈妈眼里，累积在爸爸妈妈心里，他们私下嘀咕："小红是不是喜欢上陈威啦？"虽然爸爸和妈妈都是开明的父母，但也总是忍不住担心，不知道女儿是否能把握好尺度，于是一直在寻找和女儿谈心的契机。这一天，小红又和爸爸妈妈说起陈威："你们知道吗？今天又有人给陈威送情书了，这是这周第三封了，全是外班的，而且每天都有人来围观，我觉得挺打扰陈威的。""那你们班有人给陈威送情书吗？"妈妈问道。"那是当然，他又帅，篮球又好，而且数学超厉害！一转到我们班，第二天就有人表白了。"爸爸问道："那我家小红有没有被他吸引到呀？"小红听了脸一红着急说道："你们真烦，不想跟你们说了！"转身回到自己房间关上了房门，留下想要了解女儿但又不知所措的父母。

案例解析

随着家庭教育和相关知识的普及，越来越多的家长明白青春期恋爱并不可怕，但想要和孩子一起探讨这一话题的家长却常常和小红的父母一样吃"闭门羹"。家长要想成功开启和继续这个话题，首先需要明白为什么孩子会让我们吃"闭门羹"。

高中生心理具有闭锁性的特点

从心理发展角度来讲，高中生心理具有闭锁性。因此，虽然他们有着丰富的内心世界，但不愿意轻易表露出来。这与儿童期无所不谈的亲子关系形成鲜明对比，也让我们的家长常常感慨不知从什么时候起，和孩子聊天变得困难了。特别是在"恋爱"这种私密的话题上，孩子更是把它作为自己内心的小秘密，拒绝父母窥看。只要提起相关话题，敏感的他们就会认为父母是在窥探自己的内心，从而产生激烈的情绪反应。

案例中的小红就是这样，虽然父母只是轻轻提了一嘴，但让她产生了自己的小秘密被父母知道的恼怒和害羞，于是用强烈的情绪反应中断谈话，从而保护了自己的小秘密。

高中生的身心变化会带来困惑和焦虑

家长需要明白，孩子对"恋爱"这个话题的"不谈"并不代表"不需要谈"。随着身体的日益成熟，高中生的性意识也在不断发展。以前只关注学业的他们，现在既要面临身体上第一性征和第二性征的成熟变化，又要面临伴随生理变化而来的心理变化。这些从未有过的体验让我们的孩子措手不及，充满困惑。而家长在这个时候开启的"爱情教育"对话可以解答他们内心的疑惑，帮助他们理解发生在自己身体和心理的一系列变化，这种对自己身心变化的接纳可以缓解他们的焦虑情绪，从而帮助他们顺利度过这个充满变化的时期。与此相反，如果家长因为孩子的回避，就产生"多一事不如少一事"的想法，最后选择避而不谈，那么孩子得不到解释的困惑、无法排解的焦虑都会堆积在心里，影响心理健康。又或者无从宣泄的孩子借助网络或陌生人解答心中的困惑，这些未经审查的信息不仅不会给孩子带来帮助，还可能会误导他们，使他们陷入危险。因此，关于青春期恋爱有一堂亲子必上的"爱情教育课"，这堂课不仅要上，还需要家长好好准备、好好上。

指导建议

家长应该如何开启异性交往这个话题，向我们的孩子传递正确的爱情观呢？我们为您提供了三条建议。

用适当的方式保持对孩子的观察

观察是家长获得孩子信息的一种有效方式。我们有时会在新闻里看到类似"花季少女怀孕产子，父母全然不知"的消息，如果这些父母能够保持对孩子的觉察，那么有些问题是否可以避免？那如何有效地对孩子进行观察呢？首先，家长要克服定式思维和刻板印象。我们仔细看那些新闻就会发现，新闻里的父母通常将孩子最近的身体变化解释为青春期发育，青春期的确会给孩子带来身体和外形的变化，但如果用这种思维和印象去解释孩子所有的外形变化，那么就可能忽视一些重要的信号。其次，家长的观察应该是非入侵式的，并和孩子保持一定的距离。很多家长为了掌握孩子的动态和信息会采用偷看孩子日记、偷听孩子打电话等方式，这种入侵式的观察会让孩子感到被侵犯和不被尊重，一旦被发现还会引发亲子冲突，甚至降低孩子未来主动与家长表露、分享心事的意愿。

减少试探，直接表明态度

当孩子表现或流露出"恋爱"的迹象时，家长的态度很大程度上会影响孩子是否愿意继续分享相关信息。表达理解和接纳可以有效缓解孩子对和父母探讨这一话题的担忧，为双方深入探讨这一话题打下良好基础。而案例中小红的父母在吃饭期间用"开玩笑"的方式询问、试探小红，这种非正式的对话形式容易被敏感的高中生解读为"调侃"，从而伤害他们的自尊心。此外，突如其来的对话还会让小红措手不及，觉得自己内心的小秘密被发现，因而感到恼怒，这反过来又可能强化孩子闭锁的心理特点，拒绝和父母进一步沟通。

创造适当的聊天契机，传递正确的爱情观

由于网络和智能手机的普及，高中生了解爱情相关信息的渠道变得丰富多样，但这些未经筛选的信息可能误导高中生，使高中生形成偏激的、片面的，甚至错误的爱情观。因此，了解孩子当下的爱情观，传递健康的爱情观就显得尤为重要。家长可以选择某个相关新闻，以探讨社会问题的方式开启对话；也可以选择在自己的结婚纪念日上通过和孩子分享父母的爱情来讨论"什么是爱情"；还可以通过身边熟人的例子，和孩子一起分析他们的感情经历反映出的问题。但无论采用哪种方式，家长们都要多询问、多倾听、少说教，只有了解了孩子当下对爱情的看法，才能帮助他们修正和形成健康的爱情观。

如何帮助孩子应对异性的"邀约"

案例描述

　　小玉是高二（1）班的学习委员，长相秀气，多才多艺，不仅受到老师的喜爱，同学们也非常喜欢和她交往。每周约她讨论学习、出去玩耍的同学很多。上周小玉的爸爸和她进行了一次严肃的谈话。原来爸爸认为小玉最近外出太过频繁，怀疑她早恋了。在一顿询问、求证后，爸爸半信半疑地放过了小玉，但当谈话快结束时，爸爸严厉地指出要是被他发现小玉偷偷和男生外出玩耍，以后就不准出去了。

　　这一天，在下课铃声和同学们的轻松愉悦中结束了这学期最后一堂课。小玉拿起自己颇为满意的成绩单，松了一口气，这次爸爸妈妈不会埋怨自己考得不好了。正当小玉整理桌面的书籍时，一张小纸条落了下来。她捡起来一看，是一封情书，立马脸蛋通红，赶紧将纸条塞进了衣兜。等班里的同学都走得差不多了，小玉再从包里掏出刚刚那张被揉皱的纸条，上面写着：

玉，今天就放假了。后天我要和爸爸妈妈回老家看奶奶了，想着一整个暑假可能都没法见面，于是想约你一起去看电影！你若答应，明天下午16：00在人民电影院不见不散！

李明

2021 年 6 月 30 日

看着手中的纸条，第一次收到异性邀约的小玉内心怦怦直跳，既害羞又开心。开心的是班里成绩最好的李明约她看电影了，害羞的是这样的邀约代表着喜欢。可一转念，想到那天和爸爸的对话，小玉心里不禁纠结起来：如果要去，找什么借口才能够顺利溜出来呢？如果被爸爸知道，以后正常的外出都不被允许了，那可怎么办？如果不去，又要怎么告诉李明自己想去赴约，但因为爸爸的态度难以赴约呢？

案例解析

不少家长都担心孩子进入青春期之后，会因为一些朦胧的感情影响了成绩，进而影响了前途，因此变得像案例中小玉的父亲一样，对女儿的一切外出活动都特别敏感、谨慎。这样的态度是否合理呢？

了解高中生"恋爱"动向的重要性

如果家长在面对案例中的情况时能够以真诚、开明和理解的态度打开青春期恋爱这一话题，那么孩子也会愿意在接下来的进展中，随时和自己的父母分享懵懂感情带来的小困惑、两人相处带来的小喜悦。这样的交流和对话反过来又能促进家长对孩子信息、动向的知晓，从而有利于家长根据孩子当前的状态和青春期恋爱的发展趋势采取相应的教育措施。因此，在青春期恋爱这件事上，家长要能够掌握孩子"爱情动向"的第一手信息。

不同监控方式对高中生的影响和作用

一般来说，家长对孩子信息、动向的了解主要通过两种渠道获得。一种是采取较为强硬的监控和要求来约束、限制孩子的行为，强行获得与孩子有关的信息，典型的行为包括宵禁和命令。另一种方法则是通过创造平等、理解和宽容的家庭氛围，让孩子主动与自己分享内心的烦恼、生活的趣事、报告和朋友外出的行程安排等。虽然采取后一种方式，家长看似只能被动地获取孩子的信息，无法掌握孩子的全部信息，但大量的研究发现，这种方式反而能够提高亲子关系质量，促进孩子身心健康，减少他们出现抽烟、酗酒、逃课等各种问题行为的可能性，因而被认为是一种有效的家庭教养方式。相比之下，采取前一种方式的家长虽然能够及时约束、控制孩子的行为，但长期高压、专制的教养方式不仅不利于良好亲子关系的建立，还会导致孩子出现说谎、欺瞒等消极行为。特别是随着年龄增长，孩子的自我意识有了很大发展，这种强制的行为控制方式不仅会失灵，还会引发孩子的反抗和叛逆。案例中的小玉虽然从小乖巧懂事，事事听从父母的安排，但这种顺从有一部分是来自对父亲惩罚的害怕。因此，被异性喜欢的喜悦只能放在心里，关于异性交往的困惑只能自己思考，加上长期严厉管束带来的压抑，这张小纸条像给小玉施了魔法，让小玉向往不已。由此我们不难推测，小玉可能会为了赴约而选择向父母撒谎。这样一来，父母不仅丧失了关于孩子"恋爱"发展的关键信息，而且撒谎的行为还会因为这一次"成功"摆脱父母监控而被强化，成为小玉未来摆脱父母的手段。一场潜伏着各种危险的"旅程"就此展开，而身在其中的小玉和她的父母还浑然不知。

指导建议

我们都知道，创造一个互相信任、联系紧密的亲子关系不是一朝一夕就能完成的。那么当孩子面临案例中的邀约困惑时，家长又该如何帮助孩子呢？

了解高中生对异性邀约的矛盾心理

首先，家长要明白，任何一个孩子在第一次收到异性的邀约时都是矛盾和纠结的。一方面，异性邀约对于这一时期的孩子来说是一种积极的肯定，有利于他们实现自我价值感。另一方面，成长过程中目睹的、听说的"青春期恋爱"的负面信息又会让他们犹豫、担心，特别是在尚未和父母讨论邀约的背景下，这种担心又增加了一层对"父母责备"的害怕。因此，当孩子告诉您他收到了异性邀约时，这背后可能是他花了好几天时间思前想后、鼓足勇气做出的决定。这样的决定既是孩子信任您的表现，又是亲子关系良好的象征。

降低谈话的"严重性"

虽然孩子愿意和我们分享值得欣喜，但家长更应该思考自己如何回应、反馈才能不辜负孩子的这份勇气。一般来说，当家长听到孩子收到异性邀约时，大脑里的报警系统就立即拉响了。这个拉响了的报警系统，不仅会让各种负面信息充斥家长的大脑，还会让家长的情绪立即高涨，刚刚还是冷静、平淡的对话，立马变得激动起来，家长往往用提高八度的声音反对孩子赴约，甚至命令孩子立即拒绝邀约。看到这里，我们的家长也不难想象，这种"问题很严重"的反应会让原本抱着和父母诉说、商量心事的孩子，在父母不容置疑的语气中感到委屈、愤怒、失望，自然也就丧失了继续交流的意愿。

增加讨论的"严肃性"

当孩子告诉家长自己收到异性邀约时，即便家长有非常强烈的情绪反应，也要保持镇定，为孩子创造一个可以持续交流的环境。但需要注意的是，我们在降低事情"严重感"的同时，必须要保证讨论的"严肃感"。有些家长为了证明自己是一个开明的父母，会在和孩子聊到这一话题时说一些轻松幽默的话，例如"恋爱是多大点事呀""你爸我以前有很多女生追的，每周都有约会"……家长这样的言语虽然暂时缓解了孩子对讨论这件事的焦虑和顾虑，但是这些话传递出的态度会让孩子误以为青春期恋爱并不是"大事"，而是"稀松平常的事"。实际上，对于理智、情感和道德都尚未成熟的高中生来说，如何处理、如何面对"青春期恋爱"充满了挑战。因此，家长的"严肃感"能够让孩子意识到家长对这件事的重视和关切，有利于孩子保持对这件事的警觉。

和孩子一起制定邀约规则

当家长调整好自己的情绪状态，开始和孩子讨论异性邀约这个话题时，我们建议将讨论重点聚焦在"邀约规则的建立"上而非"是否赴约"上。如前所述，对于这个阶段的孩子来说，异性同伴交往不可避免，并且恰当有度的异性关系不仅不会干扰孩子的成长发展，还会让孩子学到与异性同伴交往的方式和技能。因此，建立合理的"邀约规则"就是家长在协助孩子完成这一发展任务。在这场规则建立的探讨中，家长要把握两个要点。第一个要点是为对话创造平等的氛围。一方面，平等的对话会让孩子感到被尊重和被信任，也就更愿意接受父母提出的"邀约"建议；另一方面，在平等对话中，父母可以适当地表达自己对这件事的看法和担忧，这不仅会让孩子意识到父母建议的出发点是保护和在意自己，还会让他们意识到自己的行为原来可以影响父母，从而激发他们想要缓解父母担忧的动机。第二个要点是将邀约落实到细节。家长可以与孩子围绕"邀约"，从时间、时长、地点、过程以及未来的交往频率展开更为详细的讨论，从而最终形成双方都认可的邀约规则。

如何处理"失恋"这场小风波

佳佳今年上高二，是个性格外向、开朗活泼的女孩。可最近她总是无精打采、闷闷不乐。以前吃饭时总爱说个不停的她，现在在饭桌上变得沉默不语，简单往嘴里扒几口就草草了事。周末放假原本喜欢出去吃饭逛街的她，最近也不和同学朋友聚会。之前每天要煲很长时间电话粥的她，现在几乎不打电话，连看手机微信的频率也降低了，就连天天挂在嘴边的"王磊"也不再谈起，好像这个人从来没有存在过一样。有一天晚上，妈妈送水果去她房间，刚到门口，就听到紧闭着房门的房间里传出隐隐的啜泣声，这可让担心了好几天的妈妈坐不住了，终于向爸爸说出了自己的猜测："孩子她爸，你有没有发现咱家女儿最近情绪低落，少言寡语，你说她是不是失恋啦？"爸爸听了后，不以为意地说："小孩子就是在过家家，哪里懂什么是失恋，你要是真不放心，要不我去跟她谈谈？"妈妈感激地望向爸爸，把手里刚切好的水果盘递给他。爸爸是急脾气，手里端着水果，直接拉开房门，径直走进了佳佳房间。房间里面正在难过哭泣的佳佳看到爸爸突然进来，心里十分慌乱，埋着头假装写作业，想要糊弄过去。但爸爸的来意十分明确，非但没有放过假装写作业的佳佳，还直接说道："佳佳，好啦，别装了，你眼睛那么红，我都看到了。你们这些小孩子对谈恋爱这件事懂个啥？因为一个男生哭得稀里哗啦的，还影响学习，真是没出息！"咬着嘴唇努力控制自己的佳佳，原本在"恋爱"这件事上已经伤透了心，现在还被突然闯进来的父亲一顿奚落，一股孤立无助、委屈无比的情绪突然冒上心头，佳佳再也绷不住了，"哇"的一声，将所有的情绪伴随着哭声，释放出来。

案例解析

当我们听到高中生失恋了会有什么反应？可能大多数家长会和佳佳的爸爸一样，觉得孩子还小，不懂失恋，他们情绪上的低落、不开心都是小孩子过家家，闹着玩。但如果家长一直抱着这样的想法，那么无论怎么做都无法敲开孩子的心门。因为青春期恋爱无法回避，"失恋"也就在所难免。

青春期"失恋"容易诱发情绪问题

已有研究发现，青春期"失恋"并不是小事。"失恋"情绪无法得到合理排解可能导致高中生出现抑郁、焦虑、失眠等心理健康问题，严重影响高中生的学习状态和学业表现。因此，我们希望各位开明的家长能够像理解孩子青春期恋爱那样去理解孩子的青春期"失恋"，只有知道在我们的孩子身上发生了什么，才能找出帮助他们度过"失恋"这场小风波的有效方法。

异性同伴是高中生的依恋对象之一

众所周知，同伴关系在高中生的社会关系网络中扮演着极其重要的角色。在这个时期，同伴对高中生的影响力远超过父母和老师，成为他们依恋系统里的另一个重要依恋对象。依恋理论告诉我们，依恋对象既是鼓励我们探索外部世界的安全基地，也是我们受伤、脆弱时可以停靠的安全天堂。在孩子小的时候，依恋对象只有父母和主要照料者，随着年龄增长，生活范围扩大，老师和同学也逐渐成为孩子依恋系统中的一员，给孩子的成长提供陪伴和支持。因此，当某个异性同伴成为孩子的依恋对象时，我们的孩子会和他分享成长的困惑、诉说成长的烦恼，也会得到成长的支持，异性同伴也逐渐成为孩子社会支持系统的一部分。而"失恋"意味着孩子失去了一个安全基地，失去了社会支持，因此，对于孩子来说是难过的、悲伤的。

青春期"失恋"是一种同伴拒绝经历

大量研究发现，当一个人经历社交拒绝后，无论是成年人还是未成年人，都会产生强烈的生理和心理的"疼痛感"，而青春期"失恋"的本质就是同伴拒绝。因此，案例中佳佳的情绪反应不是过家家，不是闹情绪，而是经历社交拒绝后的受挫和沮丧。这个时候爸爸的不理解和指责对于原本就不知道如何排解情绪的佳佳来说，无疑是雪上加霜。

▼
小贴士

安全天堂和安全基地

英国精神分析师约翰·鲍尔比认为，一段真正的依恋关系包括三个要素：趋近性、安全天堂和安全基地。趋近性是指我们总是试图趋近依恋对象，在趋近时感到喜悦，在分离时感到难过。安全天堂意味着依恋对象是我们支持和安慰的来源，当我们身心受到伤害时，可以从依恋对象那里恢复。安全基地是指依恋对象的存在可以让我们安心探索这个世界，发展自己的能力和人格。

指导建议

现在，我们对青春期"失恋"有了新的理解，那么怎么做才能帮助孩子走出"失恋"风波呢？我们为家长准备了三条小建议。

给予情感安慰和支持

首先，情绪的安抚和支持必要且重要。高中孩子本身就具有情感丰富充沛、情绪起伏较大的特点，加上这个时期的情绪管理能力欠缺，他们很难驾驭自己的情绪感受。特别是对于大多数的高中生来说，"失恋"可能是他们目前最为严重的一次同伴拒绝经历。在这种情况下，毫无经验的他们就会束手无策，被负性情绪左右，甚至可能产生一些消极的想法。而此时，家长作为他们的依恋对象和支持系统提供情感安慰和情感支持，既可以填补失去同伴带来的心理缺失感，又可以维护他们的自我价值感，让他们觉得自己仍然是值得被爱的。因此，家长的理解和情感陪伴是应对这场风波的第一步。

转移注意力，阻断反刍

对这场"恋爱"的反刍是让孩子困扰的另一个重要原因。当同伴拒绝发生后，人们会不由自主、不受控制地回想整个事情的发生过程，不断思考为什么会发生、怎么样才能避免等一系列问题，这样的现象就叫做反刍。风波发生后，这样的思考不仅不会带来有意义的经验和结论，还会让孩子重复经历负性情绪。因此，如何对抗反刍就显得尤为重要。我们建议，在这个时候，家长可以通过安排各种活动来转移孩子的注意力。如体育锻炼、户外露营、人文展览等。这些活动不仅可以让孩子从自然、人文之美中体验到新的积极情绪，抵御负性情绪，还可以帮助他们扩展思维，开阔对世界的认识，慢慢走出"失恋"困境。

和孩子一起举办一场告别仪式

和过去告别也是我们常常应对丧失的方法之一。家长可以送给孩子四五个小信封和一个小盒子，然后告诉孩子，当他们非常难过的时候，可以将心里的话写下来放在信封里，等这些信都写好了，连同那些与过去有关的物品一起放进盒子里，找一个合适的日子将它们都封存起来。这种告别仪式不仅在无形中给孩子的悲伤划定了一个期限（即信封用完时），也帮助孩子把过去的不开心与现在和未来隔离开，从而促使他们更快振作起来。

最后，我们想要告诉家长，这场风波的过去需要时间，但您的耐心、理解和陪伴是加速孩子走出这场风波的重要力量。也许孩子的学习成绩会受到短暂的影响，但当他在您的陪伴下度过这场风波后，孩子获得的是调节情绪的能力、应对困境的方法，这些对孩子来说都是终身受用的宝贵财富。

5

独立生活篇

如何培养孩子的生活自理能力

　　张宇是家里的独子，由于父母心疼他学习辛苦，从不让他参与任何家务劳动，也没有专门培养他的生活自理能力，养成了张宇衣来伸手、饭来张口的生活习惯。如今已是高二的他，生活自理能力还停留在小学水平。

　　一天，张宇的爸爸走进儿子房间想问他事情，一进屋就看见书桌上凌乱的书籍和文具，还有随意挂在椅背上的臭袜子，一股酸臭味让他忍不住皱了皱眉，说："儿子，屋子太乱啦，你把房间收拾一下吧。""挺舒服的呀，哪里乱啦？我觉得挺好啊。"张宇摘下耳机，不以为意地回答道。爸爸心生不悦，往前走了几步，在沙发的坐垫上随意拎起一件散发着异味的球衣，一看这是上周儿子和自己打球时穿的，于是气不打一处来，瞬间提高了嗓门："舒服？整个房间乱成鸡窝！说鸡窝还是客气的，鸡窝都比你这窝干净得多！你说，这件衣服放这里多久了？我上周回家就让你脱了放洗衣机，你放了一周还没给我放进去！""这是我的房间，又不是你的。房间乱不乱，脏不脏，只要我觉得没问题，你们凭什么管我！"张宇抵触地说。

这时，正在厨房准备午餐的妈妈也忍不住了，走过来说："我也看不下去了，上次你吃完苹果，也不把果盘收拾一下，任由吃剩的果核在果盘里！爸爸说得对，你已经不是小孩子了，我在你这个年纪，早就照顾一家人的生活起居，每天洗衣做饭，打扫卫生。所谓一屋不扫何以扫天下？即使是你自己的房间，也要保持整洁干净，要养成良好的生活习惯。你现在连基本的自理能力都没有，未来怎么办？等上大学住宿舍了，也要妈妈每天来给你洗衣服、晒被子吗？"

张宇抿着嘴，一声不吭。他心想："以前从没让我做过家务，饭后不用刷碗，起床不用叠被，从来不说我自理能力差，只要我好好学习。现在突然来挑剔我，莫名其妙。"

看到没有任何反应的张宇，妈妈火冒三丈，继续吼道："这些都是我们宝贵的人生经验，你不听我们的话，以后在社会上可是要吃大亏的！每次跟你讲这些道理，你都听不进去，要等栽了跟头才满意，是吗？"爸爸看到依旧无动于衷的张宇，态度强硬地说道："以前的小孩可没这么不听话的！我小时候，你奶奶说什么，我就做什么。今天这个房间你必须给我整理干净！"

张宇的泪水在眼眶里转动，脸涨得通红，倔强地说道："这是我的房间，没错吧？我爱怎么弄就怎么弄。书桌即使再凌乱，我依旧可以很快速地找到我要的参考书。沙发上脏，我把脏衣服往上扔也不心疼，这是我的自由。"张宇看到父母二人一时语塞，继续说道："从小你们让我好好学习，别的同学打游戏、去游乐场的时候，我只能做习题，看参考书，什么都是你们安排好的，一点自由都没有。现在是要把我这点自由都拿走吗？"听着张宇的话，父母一时间不知所措。

案例解析

如何培养孩子的独立性和生活自理能力既是高中生亲子冲突的主要来源，也是最让家长头疼的问题之一。上述案例中的情景家长可能并不陌生，可是为什么一说到房间整理、作息安排这些与生活自理相关的问题时就会产生亲子冲突呢，这让家长困惑不已。

高中生独立意识发展带来的对隐私和独立空间的需求

众所周知，独立意识的高速发展是高中生自我意识发展的一大突出特点。受到这一心理发展变化的影响，孩子对独立、摆脱父母控制的愿望越来越强烈，而属于自己的小房间恰好满足了他们这种心理需求。关上房门，卧室就是完全属于自己的私密小天地，自己可以放心在这里做喜欢的事情，不被打扰。与此同时，关上房门后，父母的要求、父母的期待也被隔离在门外，孩子可以充分享受自己做主、自己控制的一时半刻。因此，这个属于自己的小房间对高中生来说特别重要，也特别珍贵。

父母要求和高中生独立意识的矛盾

当我们了解了高中生独立意识的发展特点后，再来看看案例中爸爸和张宇的对话。爸爸提醒张宇"房间太乱"，是在提出关于干净、整洁房间的要求。但是对于小张来说，这种要求是在侵犯自己唯一的隐私空间，威胁到他在自己房间里"随心所欲"的控制感和独立感。特别是爸爸说出的那句"今天这个房间你必须给我整理干净"，这种命令式的语气会让张宇感到自己的独立感和控制感被剥夺了，因而诱发他的委屈和反抗。于是，我们看到张宇说出了那句："现在是要把我这点自由都拿走吗？"分析到这里，家长应该明白了，您与孩子生活自理能力上的冲突可能源于你们的对话并不在一个"频道"上。您希望孩子有良好的生活自理能力，但孩子却会觉得您是在干涉他的自主和自由。孩子与您对抗、冲突的原因并不是"整洁的房间"，而是"你们要求的整洁的房间"。

泛化批评可能引发逆反心理

案例中妈妈那句"你连基本的自理能力都没有，未来怎么办"将当前的生活问题升级到对孩子未来发展的评价，这种泛化的批评不仅达不到原本的教育目的，还可能伤害孩子的自尊心，甚至引发孩子的对抗心理。他们可能通过故意弄乱房间来惹父母生气，"报复"父母对自己自尊心的伤害。

指导建议

如何解决高中生和家长之间关于生活自理能力的冲突？我们为您总结了三个小原则。

明确目标

我们常说："明确的目标更有利于行为指导。"这样的观点也同样适用于家庭教育。在案例中，爸爸今天看到房间脏乱会说"屋子太乱啦，你把房间收拾一下"，明天看到鞋子乱放又可能会说"你总是把鞋子乱丢，不太会收拾"，这些行为背后反映的都是孩子没有养成保持房间整洁的良好生活习惯。由于家长的教育目标随情景而起，缺乏统一、整合，这不仅让家长觉得孩子哪哪都不对，也会让孩子觉得家长总是在责备自己，影响沟通。亲子间的有效沟通对于解决双方关于生活自理能力的冲突尤为重要。在这个案例中，张宇的父母可以根据张宇的日常生活表现，总结出张宇在生活自理能力上需要达到的目标，在和张宇的沟通中一次性地表达出来。

全家遵守

高中生对平等家庭关系的追求使得他们尤为重视"家庭规则适用于全体家庭成员"的原则。因此，家长提出的目标应该以家庭而非以个体为单位。如果家长对高中生提出的家庭要求和家庭规则只适用于孩子，那么他们会觉得自己没有被平等对待，因而很难真心遵守父母制定的规则。然而，当家长以全家为单位提出要求时，可以避免敏感的高中生把父母要求解读成对自己独立空间的干涉。全家遵守原则的另一个要求是家庭规则是由家长和孩子一起协商确定的。当家长心里确定教育目标后，可以举办家庭会议，针对近期家里发生的关于家庭整洁、家庭收纳等问题进行讨论，然后和孩子一起制定出适用于每个家庭成员的规则，并约定全家遵守。在这条原则里，家长一定要约束自己的行为，和孩子一起遵守规则，因为一旦自己破坏了规则，不仅会影响孩子对这一规则的执行，还会让孩子形成家庭规则可以随意制定、随意破坏的消极印象，从而影响孩子对其他规则的信任和执行。

自主给予

通过前面的分析，我们知道孩子并不是不愿意打扫房间，而是不愿意按照家长的要求打扫自己的房间。因此，在"如何打扫房间"这个问题上就要给他充分的自由和自主。具体来说，在确定规则和目标后，家长和孩子可以商量一个可执行的检查时间表（如：一周一次检查），允许孩子在这段时间内自己寻找方法、自己安排时间，完成房间整理工作。这种给予自主的方式既满足了高中生的自主和控制需要，又能让高中生在完成家庭任务的过程中养成良好的生活习惯。但需要注意的是，在规定的检查到来之前，家长要做到不评价、不催促、不插手。这个要求看似简单，但实践起来很有挑战性。家长回想一下，当孩子在家拖地的时候，您是不是总忍不住上前示范您认为正确的方式？当孩子在洗碗的时候，您又是不是也忍不住指导怎么洗最干净？怎么放最合理？因此，"自主给予"看起来简单，做起来却并不容易。如果下次您再遇到这种情况，尽量控制自己想要插手的冲动，真正做到"父母只负责制定目标而不插手目标完成"的要求。

如何帮助孩子抵制生活中的诱惑

张强今年高二，各科成绩向来班级倒数，平日的生活和学习毫无规划，虚度光阴，浪费了很多时间和班里不爱学习的"好兄弟们"玩电子游戏。但是，经过高中一年的学习生活，他发现身边的大部分同学都有一些将来想去做的事情、想完成的目标、想达成的成就，并且都在为此努力学习。耳濡目染之下，张强意识到高中三年对自己未来的重要性。所以，在寒假期间，他幡然醒悟，每天都在家里努力学习，查漏补缺，挑灯夜读。虽然张强依旧会在学习很累的时候通过打游戏放松，但他有意识地控制打游戏的时间，养成了不错的自制力。

在开学的摸底考中，张强不及格的科目减少了，而且数学成绩还上升到了班级中游。班主任的公开表扬也让张强在学习上更有动力。周五下午，张强正要回家，他之前的"好兄弟们"叫住了他："强哥，走，放学一块儿去打游戏！"张强想：回家完成作业后还要继续复习呢，哪有时间打游戏？于是他为难地笑了笑，说："抱歉，今天家里有事，改天吧。""哟，我看你是回家偷着学习吧？再这样下去我们可就要开除你啦！""兄弟们"带着嘲弄的语气，一下子刺激到了张强，这个年纪的男生自尊心可是很强的。他心里马上盘算了一下，昨天、前天的复习进度不错，今天玩到八点，回去抓紧点，就不会耽误这周的学习安排。于是一咬牙说："谁说的，不就作业嘛？打了游戏照样写得出来。"最后，违心地和大家玩起了游戏，并且一直打到晚上十点才结束，远远超出了预计时间。回到家中，张强匆匆赶完作业，已经是午夜十二点了。强烈的睡意让他无法继续复习，于是张强只得给自己找了一个"早睡早起不耽误明天上课状态"的理由，将原本制定的复习计划搁置一旁，倒头睡去。

案例解析

进入高二后的张强懂得了努力学习、合理安排时间的重要性，但事情往往并不尽如人意，他一面认为学习是重要，一面又碍于颜面，难以拒绝"好兄弟们"玩游戏的邀请，不少高中生都面临着同样艰难的选择。

意志品质的快速发展是高中阶段的发展特点

我们有时会听到家长欣喜地说自己的孩子"一夜长大"了，之前还是那个做作业要催、起床要催、玩游戏停不下来的不懂事小孩，一夜之间仿佛变了一个人，父母还没有敲房门就已经洗漱完毕准备吃早饭，做作业的时候还会自觉把手机放在客厅避免自己受到干扰，他们开始主动把学习安排在娱乐之前。这样的懂事不是一夜之间改变的，是高中阶段意志品质和行动自觉性快速发展带来的。案例中，张强的父母最近就看到了这样一个"懂事"的张强。

环境对高中生自我控制的干扰

"懂事"的孩子并不稳定，刚刚萌芽的"懂事"在诱惑的大风中摇摆不定，使得家长又常常叹气："这孩子就懂事了两天""上周还好好写作业呢，这周就一直玩手机，管都管不住"……那到底在孩子身上发生了什么呢？是什么让"懂事"的孩子忽隐忽现呢？我们用张强的例子给家长细细说来。刚刚说到，意志力和自控力在高中阶段的快速发展让我们的孩子一夜长大，但家长也要明白，这一阶段孩子的意志不够坚定，独立思考能力也有局限，因此，这种"懂事"很容易因为周围环境的影响而夭折。特别是当他们身边出现了"越轨同伴"，即具有违反法律与社会道德行为的同龄友伴，不少孩子介于各种原因，很难对同伴说"不"。考虑到友谊在高中生发展中的重要地位，越轨同伴不仅可以直接影响孩子的行为决定，如同案例中的张强最后选择违心地和同学玩起了游戏，甚至还可能诱发孩子做出越轨行为。

积极经验可能形成错误感知

在面对诱惑时，张强不是没有犹豫过，自我控制拉响的报警器告诉张强玩游戏可能耽误今天的学习进度，要"拒绝"同伴的邀请，但是过往的积极经验容易使时间感知能力欠缺的高中生高估自己的任务完成能力，低估任务完成所需的时间。在本案例中，我们看到张强快速回想了前几天的复习状态和复习进度，这些成功的复习经验让张强乐观地以为自己可以持续保持好的复习状态，由此形成了"我也可以完成今日任务"的错误认知。之前的研究发现，当大脑感知到目标可能完成时，会出现一种兴奋状态，误把"可能完成"当成"真正完成"，于是在兴奋状态的误导下，自控警报被忽视，张强冲动地答应了同伴的游戏邀请。

小贴士

自我控制

当前学界对自我控制的定义主要有两种看法。一种看法认为自我控制是个体抑制自己不去做某事的行为倾向。例如，在上课时，即便窗外响起其他班级同学游戏玩闹的声音，也能将注意力保持在课堂上；另一种观点认为自我控制是个体为了满足更长远的行为目标而阻断当前行为的能力。例如，一个正在减肥的女生，在经过蛋糕店时，想着自己的减肥目标而抵制住了蛋糕的诱惑。但无论哪种定义都强调自我控制是个体基于特定目标对自身思维、情感和行为进行的调节。

指导建议

所有的家长都希望自己的孩子在一个积极健康的环境中长大，但现实环境是复杂的，各种积极的、消极的因素同时存在并影响着高中生的发展。面对环境中可能存在的消极因素，一些家长选择通过控制孩子交友、限制孩子出行、没收孩子手机等极端方式归避潜在的负面影响。但诱惑无处不在，家长无法 24 小时跟踪、监控孩子。因此，教给孩子识别诱惑、抵制诱惑的能力才能真正帮助他们应对诱惑。

呼吸训练

在之前的案例分析中，我们了解到张强要想抵御诱惑还要进一步提高自我控制能力。提高自我控制能力听起来很难，但研究者们帮我们找到了一些简单易操作的方法。斯坦福大学的凯利·麦格尼格尔教授建议，当我们遇到诱惑时，可以通过改变呼吸的方式来提高抵御诱惑的能力。具体来说，面对诱惑时，我们不要急于做出决定，而是先尝试改变自己的呼吸节奏，将呼吸频率降低到每分钟 4—6 次，一呼一吸的时间调整至 10—15 秒，伴随着变缓的呼吸，我们的前额皮质将被激活，心率变异度将会提高，从而帮助我们从诱惑带来的压力状态调整到可以进行自我控制的状态。这种呼吸技巧需要我们在日常生活中不断练习，家长可以将这个呼吸小技巧的训练穿插在日常的郊游、休闲和户外活动中。

提高孩子自尊心，促进孩子友谊发展

提高孩子的自尊心和整体友谊关系质量也有助于他们抵御同伴诱惑。之前的研究发现，当孩子的自我价值感越高、整体的友谊关系质量越好时，他们越少为了迎合越轨同伴而做出违心的决定。因此，鼓励孩子扩大社会交往，提供社会交往的技巧技能，及时肯定孩子的优点和积极变化，这些看似和自我控制无关的训练未来也可以成为孩子面对诱惑时的防御盾。

培养孩子独立思考的能力

在日常生活中，家长可以围绕各种社会现象和孩子交流想法、感受，提高他们的批判思维，培养他们独立思考的能力，帮助他们在面对诱惑时明辨是非，做出正确的决定。但独立思维和独立思考能力的培养并非一朝一夕，需要渗透到日常生活中，慢慢浸润、慢慢培养，最终促使孩子形成强有力的意志品质和自我控制能力。

如何培养孩子的社会意识

  高中生王阳，为人礼貌，大方得体，学习成绩也很优秀，一直都是邻居口中"别人家的孩子"，深受家长和老师们的喜爱。别人提到自己的儿子，王阳的妈妈总是格外骄傲和自豪，每次家长会、同事聚会，王阳妈妈都是其他妈妈们取经的对象，王阳妈妈不厌其烦地给这些家长说着自己如何培养孩子的学习兴趣、学习专注力和学习方法，心里满是成就感。

  可就在最近，父母在和王阳讨论未来计划的时候发现，王阳总是默不作声，没有任何反馈。问多了，他就会说一句："反正考试分数好，怎么都不怕。"这让王阳的父母初次产生了对儿子的担心。有一天，王阳妈妈闲来无事，翻看自己的朋友圈，看到隔壁办公室的同事晒出自己女儿之前支教学校寄来的感谢信，支教对王阳妈妈来说是很有意义的事情，也让她想起自己读大学时短暂的支教经历，于是兴致勃勃地要和儿子分享这条朋友圈，谁知道儿子看了以后只是平淡地回了一句："她年级排名才100多，还搞这些，耽误学习。"之后就不再做声，继续埋头写作业。这样冷漠的回应让妈妈大为震惊。

这天晚上，妈妈因为白天的谈话内容彻夜难眠，像支教这样有意义的事，自己的儿子却无动于衷，完全没有社会责任感。"儿子变成这样是自己造成的吗？"妈妈回想起王阳成长的每一个寒暑假，发现王阳在小学一二年级的时候还会外出旅行，之后的几年里，不是做题，就是学琴学围棋，自己完全忽略了对孩子社会责任和社会意识的培养。王阳妈妈恍然大悟，心里默默地打起了"小算盘"。

几个月过去，又到了期末考试，王阳再次拿到了全班第一的成绩，并准备在暑假继续奋斗。但王阳回家后发现这个暑假有点"不一样"，妈妈没有像往常一样带他去书城挑选习题集，也没有给他做每日学习计划表。当妈妈看到王阳满脸疑问时，忍不住笑出了声："今年暑假，咱们换一个形式。妈妈给你制定了一个'三天外出计划'，现在就跟我去第一站吧。"

计划的第一站是位于洋泾街道的"记忆咖啡馆"。这是一个和认知症有关的咖啡馆，在里面工作的服务员和咖啡师都是有着轻微认知障碍的老先生和老太太。在咖啡馆的陈列和摆设上，布置了各种帮助公众走近认知症、认识认知症的科普读物。一向有阅读习惯的王阳从门口的互动屏幕，到桌上的书籍宣传手册都仔细地阅读起来，逐渐了解了认知症。当患病老人将自己做好的咖啡端给王阳时，王阳才感知到原来认知症不只是刚刚读的文字，还是一个个鲜活的生命。王阳喝完咖啡再看看那些深受记忆困扰还努力生活的老人们，震动不已，也为社区建造的这间有意义的咖啡馆而感动。王阳第一次认识到生活里除了学习、做题，还有其他有趣的事情。当天晚上，王阳兴奋地将今天的所见所闻，以及这家咖啡店给他带来的感动讲给爸爸听，并且表示愿意更多地参与社会和社区的实践活动。妈妈看到王阳的变化，心里很是欣慰，缓缓道出了"三天外出计划"的第二站。

案例解析

进入高中阶段，孩子面对着更大的学业压力，但学习并不是成长的全部，一个真正优秀的孩子必定具有社会责任感，这正是王阳的母亲为他制定"三天外出计划"的目的所在。

高中是培养社会责任和社会意识的重要阶段

长期以来，我们对孩子学业的过分关注使我们忽视了对孩子社会意识和社会责任的培养。很多家长认为只要学习好，进了好大学，有了好工作，社会责任、社会意识自然也就会有了，从来没想过专门去培养孩子的这种"责任与担当"。于是我们在新闻里看到了那些"满腹经纶"者的高智商犯罪，看到了那些披着饱学之士外衣的"精致利己主义者"，这些都在告诉我们的家长，学识的增加并不一定伴随着道德意识和公民意识的发展。孩子的社会责任和社会意识不仅要培养，还要用心培养。

只关注学业可能限制孩子其他领域的发展

美国教育家华特曾指出："生活的世界就是教育的世界，生活的范围就是课程的范围。"如果我们的家长将孩子的生活缩小到语数外等的课本中，那么孩子只能接受到学业的教育，无法获得学业以外的成长。正如我国著名教育家陶行知先生说的："过健康的生活便是在受健康的教育；过科学的生活便是在受科学的教育；过劳动的生活便是在受劳动的教育；过艺术的生活便是在受艺术的教育……"在王阳的世界里，他的成功是由班级排名定义的，他得到的表扬是因为好成绩，在家里被关心的是学习是否有困难，在家外被亲戚朋友围住是想了解他好成绩的秘密。在这种生活环境下长大的王阳自然就只对学业感兴趣，成长的范围也被限制在了学业之中。但高中阶段不仅是学业发展的重要阶段，也是个体世界观和价值观形成的重要阶段，将孩子的生活狭隘地局限于分数、名校，可能使孩子形成利己的、过度竞争的、缺乏团队协作和责任意识的错误价值取向，影响孩子长远发展。如同案例中的王阳，整个成长过程只有学业和分数，久而久之形成了以分数为中心、以分数为标准的价值判断取向，看到他人贡献社会的行为也只能产生"耽误学习"的狭隘想法。

指导建议

如何培养孩子的社会责任感呢？作为与孩子朝夕相处的家长，在这个过程中扮演着非常关键的角色，其观念、言行会对孩子带来潜移默化的影响。

挖掘"真善美"的真实案例，激发孩子社会意识

除了对培养孩子社会意识和社会责任的重视不足外，如何培养社会责任和社会意识也让家长无从下手，这是因为社会责任和社会意识听起来太过宏大、太过抽象，家长很难找到有效途径将这些抽象的概

念转化为具体的、可操作的教育实践行为。其实，在案例的后半段，王阳的妈妈给我们做出了很好的示范：从身边入手，挖掘反映社会"真善美"的真实素材，引发孩子的社会责任感。心理学的研究发现，从生活中选取的榜样更能引起学习者的共鸣，更能激发学习者的动机。这是因为来自生活的榜样和我们更为贴近，让我们感到自己似乎努力一下也能够做到。案例中，王阳家附近的"记忆咖啡馆"，虽然只是路边的一家小小门店，但饱含了人们对老人、对认知症老人的关爱。无论是忙前忙后的社区工作人员和志愿者，还是身患认知症也要努力做咖啡的老人家，还是那些因了解咖啡店故事而特地前来消费的顾客，这些鲜活的人让坐在这里的王阳第一次体验到了除父母以外的人与人之间的联结感，这让他感动不已。"社会责任""社会关爱"不再是课本上空洞的概念，而是变成了王阳手里醇香的咖啡，喝下去内心涌起一股暖流。

引导孩子思考社会责任

情绪的触动只是一个开端，当孩子产生情绪共鸣后，家长还需要后续跟进，通过与孩子讨论，引发思考，帮助他们将容易消逝的情绪感受转换为更为稳定的思想观念。以这个案例为例，王阳妈妈可以在王阳受到触动后，和他深入探讨这样一间咖啡馆对于在这里工作的老年人的意义，对于他们家人的意义，最后引申到对于整个社会发展的意义。在探讨的过程中，王阳有任何疑惑、任何问题，在这里工作的老人、协助工作的社区人员都可以解答。陶行知先生说："生活即教育。"王阳妈妈为他挑选的这个教育场所，为他选择的这门教育课程，打开了王阳除学业以外的生活和世界，对于正在形成世界观的王阳来说是十分珍贵的。

鼓励孩子参与社会服务活动

王阳妈妈可以鼓励王阳报名参加"记忆咖啡馆"的志愿者活动，通过与认知症老年人真实的接触，体验认知症给老年人和他们的家人带来的影响；通过参加公益活动，感受自己的行动力给老年人带来的快乐。在人与人的交往中切身体验个体与社会的联结，从而将情感想法转变为为服务社会的实际行动，最终可以让孩子体会到个体行为对社会发展的重要意义。

如何开启即将到来的大学生活

    张莉出生成长在上海，因为对北京一所高校的向往，所以高中三年一直以此为目标，终于通过坚持不懈的努力，在高考的时候取得了令人满意的成绩，顺利考入了自己的理想大学。这样的成功也让张莉的父母很是高兴。眼看离开学不到半个月了，这天妈妈进屋打算为张莉的行李"查漏补缺"，结果拿出来一看，甚是惊讶，一个月前就让她收拾的行李箱到现在还是空的。回头问她还需要什么，缺什么，学校住宿情况时，竟然一问三不知，再继续追问，张莉甚至还会很反感和抵触，显得极为焦虑。

而最近几天，张莉的情绪越发低落，事事拖沓，天天赖床到十点半。妈妈依旧每天督促张莉早日安排妥当去北京的行程，可一问起什么时候买票，从火车站怎么到学校，张莉不仅不知道，还非常不耐烦。

这一天，妈妈敲开张莉的房门，针对这几天的情绪波动母女俩好好谈了一次心，这才知道张莉的想法。原来张莉的几个好友都考上了上海本地的学校，这几天看着他们在微信群里相约一起报道，只有张莉独自一人去北京，心里充满了担忧：北京秋冬的气候非常干燥，是否会让自己的呼吸系统无法适应？在社交平台上，常常听说南北文化的差异，在人生地不熟的地方，自己能和来自全国各地的同学好好相处吗？想到这些，张莉每天辗转反侧，无法入眠。偏偏在这个时候，张莉在学校论坛上看到有人抱怨学校食堂在主食方面主要供应的是面条和馒头，米饭的供应量极少。在上海长大的张莉，从小吃惯了米饭，又开始担心饮食问题。这些问题不断出现在张莉脑中，阻碍了张莉推进开学的相关事宜。"我到底能否正常入学？要不要重考一年，把志愿换成本地的学校？"张莉无奈地叹着气。

案例解析

虽然高中生自我意识的发展使他们迫不及待地想要摆脱父母的控制，但即便是对有过住校经验的高中生来说，远离父母和朋友，到一个完全陌生的城市学习、生活仍然是一件充满挑战的事情，就像张莉一样，离家前会有强烈的焦虑。

离家读书引发的分离焦虑

要帮助孩子克服这种情绪，首先要明确这种焦虑从何而来。一方面，与熟悉的重要他人告别，本身就会引发分离焦虑。对于大多数的高中生来说，父母一直都陪伴在他们的身边，即便住校或者父母出差，基本上也能每周见上一面，这种"习以为常""毫无波澜"的平淡相处是孩子内心安全感的重要来源，孩子知道自己无论遇到多大困难、受了多大委屈，总有一个坚实可靠的臂膀可以让他们依赖。现在远离家乡也就意味着远离了自己熟悉的支持系统。未来出现问题和谁商量？父母能否提供帮助？这些分离带来的问题为离愁增添焦虑。除了和父母分离外，和朋友的分离也会让孩子感到不安。在这本手册里，我们不断强调同伴对高中生发展的意义。与稳定的亲子关系不同，高中生的友谊充满着动态变化，会因为是同桌、是同班而成为朋友，也会因为毕业后各奔东西，距离拉开，逐渐疏远。当下和好朋友的分离，未来友谊关系的不可预期，都是让张莉感到沮丧的原因。

对未来的不确定增加焦虑

除了和重要他人离别带来的焦虑外，由生活阅历缺乏和生活范围局限带来的有限生活经验也使我们的孩子无法准确预估未来可能出现的情况，从而加重了焦虑。家长在离别临近时的关心，也在暗暗提醒孩子，在适应未来校园生活的同时旧有的社会支持系统都不在身边。新的社会支持系统尚未建立，这使得孩子的不确定感进一步加深。因此，我们也就不难理解为什么案例中的张莉迟迟没有打开那只行李箱，为什么妈妈一关心她的行李就让她十分生气，这些情绪的背后都是张莉面对未来的不安。

忽略大学生活的适应性准备

实际上，在孩子收到录取通知书的那一刻，无论是孩子还是家长，多年积累的压力和重担都被卸了下来。于是，家长和孩子都选择在高考后给自己放一个长假，忽略了孩子在开学后要面临的去全新的环境学习、生活的问题。因此，我们想提醒正在享受高三暑假的父母和孩子们，这个暑假虽然没有了课业任务，但未来的大学生活也给我们提出了适应任务、角色转换任务。那怎么帮助孩子完成这些准备任务呢？就让我们移步"指导建议"，一起看看吧。

指导建议

孩子对未来的焦虑往往来自于问题太多、无从下手。因此，家长可以分门别类地和孩子讨论他们可能要完成的准备工作。我们认为至少包含以下四个方面。

生活准备

了解大学所在地的气候特点，做好服装、生活用品方面的准备。以张莉为例，九月开学不久，北京就会进入较为干燥的秋冬季，这对于长期生活在湿润气候下的上海孩子来说是不小的挑战。提前了解可能出现的身体症状，多吃新鲜果蔬预防应对，可以缓解身体带来的不适感。北京冬天的低温也提示孩子厚重、防风的冬装必不可少。饮食方面，北方虽以面食为主，但北京高校的食堂也为来自全国各地的学子准备了当地的风味美食，关注学校的公众号、后勤部门，可以获得更为准确可靠的信息。

财务管理准备

家长与孩子商量每个月的生活费也是这个暑假需要完成的准备工作。家长在心里确定一个大概预算后，可以先让孩子通过信息查找、同伴交流给出一个他们认为合理的金额。这种方式一来可以帮助孩子了解生活开销的组成部分，初步形成生活开销的概念；二来可以锻炼他们的金钱计划能力。当孩子提出自己理想的生活费金额后，家长可以根据心中的预算和孩子进行讨论，最终确定一个合理的金额，并约定严格执行。

此外，虽然现在很多孩子都可以自由支配自己的压岁钱，但大多数孩子还没有机会完全负责、计划自己的日常开销。这就容易出现大一新生半个月花光一个月生活费的情况。家长可以利用暑假，让孩子尝试管理、安排、计划家里一周的日常开支，帮助孩子获得生活开销安排的具体经验，为他们即将开始的独立生活做一些初步的财务管理准备。

人际准备

与高中以班级为单位的社会网络不同，寝室在大学生社会网络和人际关系中起着重要的作用。但寝室同学通常都来自天南地北，不同的成长环境和成长背景对于大学新生来说既是新奇的体验，也是考验。此时，家长可以提供一些人际交往的技巧和经验，让他们在憧憬未来新朋友的同时，也能预估交往过程中可能出现的问题，从而做好准备。

学业准备

大学学业对孩子的自主学习能力、学习计划能力提出了更高的要求。安排孩子和在读大学生进行交流是帮助孩子获得具体学业信息的有效方式。从视频网站上搜索在读大学生分享的"大学生一日生活"视频也是有效的信息渠道。总之，高考后的暑假是放松的，也是忙碌的，和孩子一起做好准备，才能打开那只行李箱，带着轻松愉快的心情开启下一段人生旅程。

图书在版编目（CIP）数据

家庭教育指导手册. 高中段 / 杨伊分册主编. — 上海：上海教育出版社，2022.8
（"给家长的100条建议"家庭教育指导丛书 / 袁雯主编）
ISBN 978-7-5720-1512-0

Ⅰ.①家… Ⅱ.①杨… Ⅲ.①高中生 – 家庭教育 – 手册 Ⅳ.①G78-62

中国版本图书馆CIP数据核字(2022)第141998号

责任编辑　邹　楠　蒋文妍

美术编辑　蒋　妤

"给家长的100条建议"家庭教育指导丛书
袁　雯　主编
家庭教育指导手册（高中段）
杨　伊　分册主编

出版发行　上海教育出版社有限公司
官　　网　www.seph.com.cn
地　　址　上海市闵行区号景路159弄C座
邮　　编　201101
印　　刷　上海展强印刷有限公司
开　　本　700×1000　1/16　印张 8.5
字　　数　109 千字
版　　次　2022年8月第1版
印　　次　2022年8月第1次印刷
书　　号　ISBN 978-7-5720-1512-0/G·1209
定　　价　49.00 元

如发现质量问题，读者可向本社调换　电话:021-64373213